주일학교 공과 교재 **초등부용**

제자STORY

개발위원장/**이문희**
실 무 단 장/이재섭
집필/이재섭, 임효준, 이승목, 박종현, 김장인

본 교재는 한국교회 주일학교 교육에 대한 문제의식과 안타까움에 대한 작은 결과물로서 "성경적인 세계관의 틀과 문화를 도구로 다음 세대를 세우는 스토리가 있는 토론식 주일학교 공과 교재"라는 문구가 이 교재의 특징을 잘 보여줍니다.

우리는 옳고 그름에 대한 구분을 무의미하게 여기는 시대를 살아가고 있습니다. 진리는 다원주의와 상대주의라는 이름으로 파편화되었습니다. 이러한 시대정신 위에 형성된 문화는 욕망의 전시장을 방불케 합니다. 이것이 우리 시대의 문화인데, 자라나는 다음 세대는 이 문화의 문제를 잘 모릅니다. 적당한 온도의 물에 있는 개구리에게 점점 열을 가하면 자신이 데워지고 있는 줄도 모르는 것처럼, 태어날 때부터 이러한 문화에 젖어왔기 때문입니다. 우리는 개구리의 결과를 잘 알고 있습니다. 서서히 죽어갑니다. 그런데 정작 본인은 죽어가고 있다는 사실을 모릅니다. 옆에서 동료 개구리가 사실을 가르쳐 주면 자신을 시샘하는 것이라고 여길지도 모릅니다. 정말 안타까운 모습입니다.

그런데 그보다 더 안타까운 모습이 지금 한국교회 주일학교 공과 공부 시간에 일어나고 있습니다. 학생들은 공과 공부를 지루해하고 힘들어 합니다. 학생들이 지루함을 느끼고 힘들어하는 이유는 자극적이고 자기중심적인 문화가 그들 삶의 한 부분이기 때문입니다. 결국 문제는 지루함이 현실의 토대가 되어버린 시대정신입니다. 정확한 병명을 알아야 올바른 대응책을 낼 수 있는 것처럼, 문제의 근원을 분명히 알고 접근해야 우리의 자녀들을 시대에 순응하는 '다른 세대'가 아닌 하나님의 영광을 바라보는 '다음 세대'로 세울 수 있습니다.

본 교재는 이런 한국교회 주일학교 교육에 대한 문제의식과 안타까움에 대한 작은 결과물입니다. 다음 문구가 이 교재의 핵심을 압축적으로 잘 보여줍니다.

> **"성경적 세계관의 틀과 문화를 도구로 다음 세대를 세우는
> 스토리가 있는 토론식 주일학교 공과 교재"**

시대정신에 익숙한 다른 세대와 달리, 하나님의 영광을 위해 헌신할 다음 세대는 절대 진리인 분명한 성경적 틀을 가져야 합니다. 이 분명한 기준으로 학생들의 놀이터인 문화를 읽어야 합니다. 그리고 그 방식은 서로 토론하면서 함께 답을 찾아가야 합니다. 이미 인터넷을 통해 쌍방향 소통에 익숙해졌기 때문입니다. 본 교재를 통해 한국교회 주일학교 학생들이 건강한 다음 세대로 세워지기를 소망합니다.

맑은샘 광천교회 담임목사 **이 문 희**

본 교재는 한편으로는 형식적인 신앙생활을 하고, 다른 한편으로는 가치관의 혼란 속에서 방황하는 이 땅의 어린 영혼들에게서 모든 영적 탁류를 쓸어버리는 찬란한 물줄기, 그리고 영혼의 어두움을 물리치는 환한 빛줄기가 될 것이다.

교재 하나를 낸다는 것은 보통의 책 한권을 내는 것보다 열 배나 어렵다. 그것도 성경교재나 교리교재 하나를 낸다는 것은 백배나 어렵다. 게다가 아동이나 청소년을 대상으로 한 교재는 가히 천 배나 어렵다.

교재는 특성상 사상이나 논리만 체계적으로 서술해가도 되는 이론서들과 달리, 교육적 목적을 위한 특별 기획과 기술이 이뤄져야 하고, 또 성경교재나 교리교재는 일반교재처럼 필자의 주관을 자유롭게 개진하거나 가미할 수 있는 것과 달리, 성경 해석적으로나 신학적으로 정확해야 하며, 나아가 아동이나 청소년을 대상으로 한 교재의 경우 그들의 이해력과 눈높이에 철저히 맞춰야 하고 게다가 흥미도 있어야하기 때문이다.

이러한 의미에서 주일학교 학생들을 위한 한편의 좋은 성경 및 교리교재를 쓴다는 것은 한권의 백과사전을 내는 것보다 만 배나 어렵다.

이렇게 어려운 교재를 완성한 것을 볼 때, 축하에 앞서 경탄을 금할 길 없다. 교재의 표제만 보아도 감탄할 만했는데, 원고를 펼쳐보면서 더 놀라운 경탄으로 이어졌다.

첫째, 본 교재는 우리가 무엇을 믿고 있는지를 잘 담아내었다. 즉, 우리의 신앙과 생활의 유일한 원리인 성경말씀과 그것에 기초한 개혁주의 교리의 풍부한 내용이 담겨 있다. 이러한 점에서 이 교재는 가장 성경적이고 가장 교리적인 주일학교 교재이다.

둘째, 본 교재는 우리가 어떻게 살아야 하는 지를 잘 제시하고 있다. 즉, 우리가 지녀야 할 신앙의 내용을 넘어 우리가 이 세상을 어떻게 바라보고 그 가운데서 어떻게 하나님의 거룩한 백성으로 살아가야 할 지 성경적인 삶의 원리와 기독교세계관을 가르치고 있다. 이러한 점에서 이 교재는 가장 대표적인 기독교 세계관적 주일학교 교재이다.

셋째, 본 교재는 주일학교의 각 단계별 학생들의 눈높이에 맞춰져 있다. 즉, 내용적으로 다양한 예화와 그림들을 담고 있고, 문체상으로 터다지기, 씨앗심기, 물주기, 꽃피우기 등 서정성과 문학성이 풍부한 개념들이나 표현들을 사용하고 있으며, 또 학생들이 스스로 질문하고 답을 찾아야 하는 자기주도식의 공부를 하도록 유도하면서 자신의 행동과 삶을 주체적으로 반성해보게 한다. 이러한 점에서 이 교재는 가장 교육적인 주일학교 교재이다.

이러한 특성으로 인해 본 교재는 구원의 원리와 삶의 길을 제대로 깨닫지 못하고 한편으로는 형식적 신앙생활을 하고, 다른 한편으로는 가치관의 혼란 속에서 방황하는 이 땅의 어린 영혼들에게 맑은샘 광천교회라는 그 이름처럼 복음의 맑은 샘에서 흘러나와 모든 영적 탁류를 쓸어버리는 찬란한 물줄기, 그리고 영혼의 어두움을 물리치는 환한 빛줄기가 될 것이다.

고신대학교 총장 **전광식**

우리가 만든
주일학교 교재는
기독교 세계관의 틀과 문화를
도구로 합니다.

왜 '기독교 세계관의 틀'인가?

진리가 하나의 견해로 전락한 시대에, 진리의 관점에서 세상의 견해를 분별하기 위해서

● **기독교 세계관의 틀은 성경적 시각으로 우리의 삶을 보게 만드는 원리입니다.**

하나님을 떠나 이 세상의 시각으로 우리 자신과 우리의 삶을 보는 것이 아니라, 하나님이 가르치신 원리로 우리 자신과 우리의 삶을 봐야 하나님의 사람들로 세울 수 있습니다.

● **이 교재는 기독교 세계관의 틀로 현상을 보는 시각을 길러줍니다.**

철학자 니체로부터 시작된 신의 죽음(형이상학의 부정)은 사람들의 시선을 영원에서 우리가 사는 세상으로 고정시켰습니다. 이 사상은 21세기를 살아가는 우리 시대의 대부분의 사람들이 가지고 있습니다. 영원(하나님 나라)에 대한 가치를 인정하지 않기 시작하면서 삶도 의미를 상실했습니다. 그로 말미암아 사람들은 인간의 가치에 집중하기 시작했고, 급기야는 인간의 욕망이 가는 대로 사는 삶을 권장합니다. 우리가 사는 세상이고, 우리의 자녀들은 태어나면서부터 그런 문화 속을 살아가고 그 문화의 틀로 교회와 하나님을 봅니다. 어린이들과 청소년, 청년들이 교회를 떠나는 이유가 여기 있습니다. 보이는 것이 모든 것인 시대를 이기는 힘은 분명한 진리로 보이는 것의 한계를 보여주는 것입니다. 기독교 세계관 틀의 형성이 이것을 가능하게 합니다.

왜 '문화를 도구'로 하는가?

어린이, 청소년, 청년들의 삶에 가장 큰 영향을 끼치는 것이 문화이기 때문에

● **문화를 도구로 하는 이유는**

우리의 자녀들이 문화 현상 속에 젖어 살고, 그 문화의 기초가 되는 사상(이론)을 자신도 모르게 이미 받아들이고 있기 때문입니다.

● **공부하는 학생들의 삶의 현장으로 들어갑니다(이원론 극복).**

우리가 사는 사회를 포스트모던 사회라고 합니다. 포스트모던 사회의 핵심은 소비이고 미디어가 그것을 전파합니다. 쉽게 말하면 문화입니다. 신앙과 삶을 분리할 수 없는데, 우리의 자녀들은 문화의 시각으로 성경과 교회를 보면서 답답해 합니다. 위에서 본 것처럼, 이미 그들은 하나님의 나라에 대한 가치를 인정하지 않고, 거기에 헌신하며 사는 삶에 의미를 부여하지 않는 것을 자연스럽게 배웠기 때문입니다. 교회는 이들이 가진 문제점을 자각하게 해야 하는데, 그 출발점은 그들이 누리는 문화로 대화를 시작하면서 그것의 한계와 대안을 가르치는 것입니다. 이를 통해 신앙과 삶이 통합되며, 문화의 시각으로 신앙을 보고 판단하는 것이 아니라 성경의 시각으로 문화를 보고 판단해야 함을 분명히 합니다.

제자STORY

◀ 초등부 3분기 교재

하나님의 말씀은 살아 있고 활력이 있어 좌우에 날선 어떤 검보다도
예리하여 혼과 영과 및 관절과 골수를 찔러 쪼개기까지 하며 또 마음의
생각과 뜻을 판단하나니(히브리서 4:12)

＜ 초등부 4분기 교재

1 목적

현실을 분명하게 직시함과 동시에 그 현실을 믿음으로 도전하며 신앙과 삶이 균형 잡힌 그리스도인으로 자라게 한다(이원론 극복). 이를 위해 공과를 통해 믿음의 눈으로 세상 바라보는 것을 습관화 시킨다.

2 구성

쉐 마 분명한 성경적 원리 전달을 위해 주해를 비롯한 핵심 원리를 제공한다 (Today's Focus(Insight), 물주기, Discernment).

문 화 지금까지 단순하게 성경적 지식 제공을 중심으로 한 주일학교 교육의 결과 중 하나가 신앙과 삶의 분리, 즉 주일의 삶과 월요일에서 토요일의 삶이 다른 이원론이다. 이 교재는 학생들이 삶의 현장에서 일어나는 문화를 토론의 주제로 삼아서 신앙과 삶의 하나됨(일상성의 영성)을 적극적으로 시도한다(핫 토론, 현미경).

세계관 오늘날 자기 중심적인 시대 정신에 노출 된 학생들의 생각과 삶의 방식을 성경적 세계관을 토대로 바라보게 함으로써, 자신을 돌아보고 삶에 적용하는 것을 돕는다.

 주제에 대한 학생들의 다양한 생각 보기

[터다지기]는 아이들의 다양한 생각을 듣는 시간입니다. 아이들이 자신의 생각을 자유롭게 말함으로 자신과 서로의 생각을 알게 되고, 하나님의 말씀을 심을 토양을 준비합니다.

 학생들의 다양한 생각을 성경적 관점으로 바꾸기

[씨앗심기], [물주기]는 아이들의 생각과 마음의 토양에 하나님의 말씀을 심는 시간입니다. 일반 세계관의 영향에서 나오는 아이들의 다양한 생각에 성경이 심겨지고, 교사와의 대화를 거치면서 그들의 생각이 성경적 관점으로 전환하게 한다. [햇빛비추기]가 성경의 관점을 잘 보여준다.

 성경적 관점으로 삶의 현실 둘러보기

[꽃 피우기]는 아이들의 삶에서 나타나는 일반 세계관적인 생각과 하나님의 말씀을 통해 드러나는 성경적 세계관이 부딪혀 토론의 꽃이 피는 시간입니다. 성경의 관점으로 주어진 삶의 문제들을 다양하고 깊이 있게 살펴봅니다. 그래서 아이들은 모양은 있으나, 죽어있는 조화처럼 모조품 꽃이 아니라, 작지만 예수님의 향기로 세상을 변화시키는 생명력 있는 꽃으로 자라게 됩니다. 그 중심에 '핫 토론'이 있다.

 삶의 모든 부분에 성경적 관점 적용하기

[열매맺기]는 하나님의 말씀을 심은 아이가 그 말씀대로 삶을 살아가는 시간입니다. 자신의 생각이 기준이 아니라, 성경의 원리가 앞으로의 삶에 원리와 기준이 됩니다. Discernment가 성경적 관점의 생활 원리를 잘 보여줍니다.

 **삶의 현실에서 성경적 원리 떠올리기**

[외울말씀]은 일반 세계관으로 돌아가는 아이들 붙잡아주는 말씀입니다. 예배를 마치고, 삶으로 돌아가서 또 다시 세속적 세계관의 홍수에 파묻혀 살아가는 것이 아니라, 하나님의 말씀을 붙들고 암송함으로써, 구체적인 삶의 현실 속에서 성경적 세계관을 견지하게 만듭니다.

설교

학생들이 공과의 내용을 잘 이해하고, 공과 공부 시간을 풍성하게 하기 위해서, 부서 사역자가 매주 동일한 주제의 다른 본문으로 설교를 한 후에 공과를 진행한다.

에필로그

Epilogue

3분기 교재의 구성

3분기 전체를 관통하는 키워드는 예수님의 생애이다. 3분기는 예수님의 출생 예언부터 다시 오실 주님까지 예수님의 생애 전체를 다룬다. 1과는 구약에 나타난 메시야 예언을 다룬다. 2과는 예언대로 이 땅에 오신 예수님의 탄생을, 3과는 예수님의 어린 시절을 다룸으로 예수님이 구약에 예언된 메시아임을 분명히 한다. 4과는 공생애를 시작하는 예수님을 다루었는데, 그 핵심은 예수님이 하나님의 아들이라는 것이다. 5-6과는 예수님 사역의 핵심인 가르침과 병 고침을 다룬다. 7-8과는 예수님이 이 땅에 오신 참된 목적인 구원의 핵심인 예수님의 죽으심과 부활을 통해, 우리의 참된 희망이요 소망이신 예수님의 희생과 헌신의 참된 의미를 보여준다. 9과는 다시 오실 주님을 다루면서 우리가 바라고 기대해야 할 유일한 분이 예수님임을 확증한다. 10과는 특별공과로 하나님의 자녀가 가져야 할 성품을 다루었으며, 11과는 각 부서에 필요한 특강을 제공한다.

제자STORY
주일학교 공과 교재 **3분기**

오이코스를 품는
VISION2020

제44 - 35호 2015. 8. 30

나를 바꾸는 행복한 10분 묵상

성 실

한 청년이 대학을 졸업하고 미국 뉴욕박물관에 임시직원으로 취직했습니다. 청년은 매일 남보다 한 시간씩 일찍 출근해 박물관의 바닥을 닦았습니다. 청년은 바닥을 닦으며 항상 행복한 표정을 지었습니다. 어느 날 박물관장이 청년에게 물었습니다. "대학교육을 받은 사람이 바닥청소를 하는 것이 부끄럽지 않은가" 청년은 웃으면서 대답했다. "이곳은 그냥 바닥이 아닙니다. 박물관의 바닥입니다." 청년은 성실함을 인정받아 정식직원으로 채용됐습니다. 그는 알래스카 등을 찾아다니며 고래와 포유동물에 대한 연구에 몰입했습니다. 몇 년 후, 그는 세계에서 가장 권위있는 고래 박사가 되었습니다. 그리고 뉴욕박물관 관장이 되었습니다. 이 사람이 바로 세계적인 고래학자 앤드루스 박사입니다.

사랑하는 성도 여러분!
성실은 항상 좋은 것으로 보상해줍니다. 왜냐하면 성실이 하나님의 속성이기 때문입니다. 그분의 성실함이 세상을 유지시키고 우리를 구속하셨으며 약속을 이루게 합니다. 따라서 우리가 성실할 때 그것은 하나님의 속성을 모방하는 것이고 반드시 좋은 결과를 얻게 될 것입니다. 언제나 성실로서 선함을 맛보는 성도가 되시길 소원합니다.

- 목양실에서 이문희 목사 -

◆ **맑은샘광천교회**는 주일학교 모든 부서가 동일한 주제로 말씀을 듣고, 성경공부를 합니다. 아래의 내용으로 자녀들과 서로의 신앙을 나누세요.
 ☞ **금주의 주일학교 설교 및 공과 주제 : 예수님의 부활**
   유년부 : 무덤에 있던 예수님은 말씀 하신 대로 살아나셨습니다.
   초등부 : 왕이신 예수님은 죽음의 권세를 누르고 부활하셨습니다.
   중등부 : 우리에게 참 생명을 주시는 분은 오직 부활하신 예수 그리스도입니다.
   고등부 : 죄는 죽음을 가져왔습니다. 하지만 예수님은 죽음을 이기고 부활하셨습니다.
       믿는 사람은 죄의 결과인 죽음에게 더 이상 정복당하지 않습니다.

**인생의 방황은 예수님을 만나면 끝나고
신앙의 방황은 맑은샘광천교회를 만나면 끝이 납니다.**

"수고하고 무거운 짐진 자들아 다 내게로 오라. 내가 너희를 쉬게 하리라" (마11:28)

1 메시야 예언: 왕이 오신데요

 터다지기

• 지금 내가 제일 기다리고 있는 것이 있다면 무엇인가요? 그 이유를 말해봅시다.(생일, 크리스마스, 방학 등등)

_____

_____

_____

_____

_____

_____

_____

_____

_____

_____

_____

_____

 **씨앗심기** 　　본문: 스가랴 9장 9~10절

물주기

1. 시온의 딸이 기뻐하고, 예루살렘의 딸이 즐거워하는 이유는 누구 때문인가요? 그의 특징을 말해봅시다(9절).

_____

_____

2. 그가 통치하는 지역은 어디인가요(10절)? 그 지역은 무엇을 뜻할까요?

_____

_____

_____

3. 본문은 장차 올 이스라엘의 구원자에 대한 말씀입니다. 이 말씀을 들은 이스라엘 백성들의 마음은 어땠을까요?

> 스가랴서는 이스라엘 백성들이 포로에서 돌아와서 무너진 이스라엘 땅에서 성전을 건축하던 시절 활동했던 선지자 입니다. 가나안 사람, 사마리아 사람들의 방해로 이스라엘 사람들은 어려움을 겪었습니다.

_____

_____

4. 오늘 등장한 구원자가 해결해주었으면 하는 나의 문제들이 있다면 말해봅시다.

_____

_____

_____

하나님께서는 자기 백성을 구원할, 왕 같은 구원자를 약속하셨습니다.

1. 누군가를 기쁜 마음으로 기다렸던 경험을 말해봅시다.

2. 반대로 누군가나 무엇인가를 기다렸다가 큰 실망을 했던 경험과 그 이유를 나눠봅시다.

3. 드라마나, 예능프로그램을 보면, 약속을 깨고, 배신을 해서라도 자신의 목적(돈, 사랑 등)을 달성하고 기뻐하는 장면이 등장합니다. 약속을 지키는 것, 목적을 이루는 것 중 무엇이 더 중요하다고 생각하나요? 하나님께서는 어떻게 생각하실까요? 그 이유를 나눠봅시다.

♥ 부모님께서 좋아하는 가수의 콘서트나 놀이공원, 외식을 약속했던 적이 있나요? 그러한 약속을 기다리던 마음과 예수님을 기다리는 여러분의 마음은 어떻게 다른지 말해봅시다. [터다지기]에서 기다리던 것이 주일예배시간에 있다면, 여러분은 어떤 선택을 할 생각인가요?

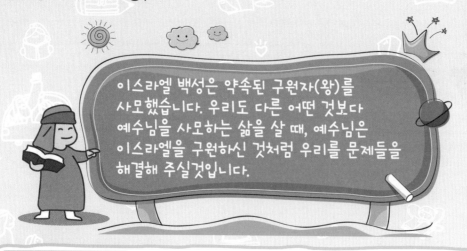

이스라엘 백성은 약속된 구원자(왕)를 사모했습니다. 우리도 다른 어떤 것보다 예수님을 사모하는 삶을 살 때, 예수님은 이스라엘을 구원하신 것처럼 우리를 문제들을 해결해 주실것입니다.

열매맺기

1. 나의 기도제목을 적고 하나님께 일주일 동안 기도하기

2. 다음 주일예배 때 다른 약속잡지 않기

3. 말씀암송

외울말씀

이는 한 아기가 우리에게 났고 한 아들을 우리에게 주신 바 되었는데 그의 어깨에는 정사를 메었고 그의 이름은 기묘자라, 모사라, 전능하신 하나님이라, 영존하시는 아버지라, 평강의 왕이라 할 것임이라 (사 9:6)

For to us a child is born, to us a son is given, and the government will be on his shoulders. And he will be called Wonderful Counselor, Mighty God, Everlasting Father, Prince of Peace.(Is 9:6, NIV)

하나님의 때에

제 2차 세계대전 이후 유대인의 유월절엔 꼭 등장하는 노래한 곡이 있습니다. 그것은 '아니마민'이라는 아름다운 노래인데, 아니 아니마민이란 히브리어로 '나는 믿는다'라는 뜻입니다. 이 노래가 작곡된 곳은 놀랍게도 공포의 아우슈비츠 수용소였습니다. 이 곡을 만든 사람도 그곳에 감금된 불행한 유태인이었습니다. 이 노래는 이렇게 시작됩니다. "우리는 구세주가 오리란 걸 믿고 있습니다. 그러나 그는 조금 늦게 오십니다."

그 즈음 젊고 유능한 한 유대인 외과 의사가 나치스에 의해 아우슈비츠 수용소에 수용되었습니다. 그는 매일 가스실과 실험실을 향해 떠나는 동족들의 죽음의 행렬을 보았습니다. 그리고 머지않아 자신도 가스실의 제물이 될 것을 알고 있었습니다. 강제노역 시간에 이 젊은 의사는 흙 속에 파묻힌 깨진 유리병 조각을 몰래 자신의 바지 주머니 속에 숨겨 가지고 돌아왔습니다. 그리고 그 날부터 그는 언제 죽을런지 모르는 상황 속에서 아침과 저녁이면 으레 그 깨진 유리의 날카로운 파편으로 면도를 했습니다. 오후가 되면 나치스들이 와서 가스실로 보낼 처형자들을 골랐습니다. 나치스들은 유리병 조각으로 피가 묻어날 정도로 파랗게 면도된 의욕에 넘치는 외과의사의 턱을 보고 차마 그를 가스실에 보내지 못했습니다.

왜냐하면 그는 잘 면도된 파란 턱으로 인해 아주 쓸모 있는 인간이라는 느낌을 주었기 때문에 나치스들은 그를 죽이는 것은 아직 이르다고 생각하게 만들었던 것입니다. 결국 그는 나치스가 완전히 패망할 때까지 살아 남았습니다. 그가 살아서 그 죽음의 수용소를 떠날 때 그의 소지품은 단 한가지 그 깨진 유리병 조각이었습니다. 삶에 대한 강한 의지를 가지고 하나님의 도움을 기다렸던 유태인 의사는 말합니다. "하나님의 도움은 결코 늦는 법이 없습니다. 다만 우리가 너무 성급할 뿐입니다."

2 탄생: 살인미수에 그치다

터다지기

• 핸드폰 게임이나, 인터넷에서 내가 만들고, 조종하는 캐릭터가 자기 마음대로 움직이기 시작한다면 어떻게 될까요?

_____

_____

_____

_____

_____

_____

_____

_____

_____

_____

_____

_____

_____

_____

_____

_____

씨앗심기

본문: 마태복음 2장 1~12절

물주기

1. 동방에서 온 박사들은 무엇을 찾으러 예루살렘에 왔나요(2절)?

_____

_____

_____

2. 헤롯이 박사들에게 왕을 찾으면 말해달라고 한 이유는 무엇일까요(8절)?

_____

_____

_____

3. 예수님이 이 땅에 오셨을 때, 왜 어떤 사람은 죽이려고 안달이 났을까요?

_____

_____

_____

_____

4. 만약에 예수님이 내일 오셔서 나에게 이것저것을 시킨다면 나는 기쁜 마음으로 따를 까요? 아니면 짜증을 낼까요? 왜 그렇게 생각하나요?

_____

_____

_____

_____

온 세상의 왕이신 예수님을 싫어한 사람도 있습니다.

꽃피우기

1. 나는 내 마음대로 하는 것이 좋나요? 누군가의 지시를 따라 하는 것이 좋나요? 그 이유를 말해봅시다.

2. 여러분의 인생의 주인은 누구인가요? 왜 그렇게 생각하나요?

3. 내 생각과 하나님의 말씀이 달라서 힘들었던 적이 있다면 말해봅시다.

HOT토론

♥ 학교에서 다른 친구들이 다 보는 앞에서 나를 무시하고, 욕하는 친구가 있습니다. 예수님께서는 그 친구도 사랑하고, 악으로 악을 갚지 말고, 묵묵히 오른뺨을 맞으면 왼뺨을 내어주라고 하십니다. 하지만, 그렇게 하면 다른 친구들도 나를 무시할 것이 분명한데, 나는 어떻게 해야 할까요?

나는 너희에게 이르노니 너희 원수를 사랑하며 너희를 박해하는 자를 위하여 기도하라 (마 5:44, 개정개역)

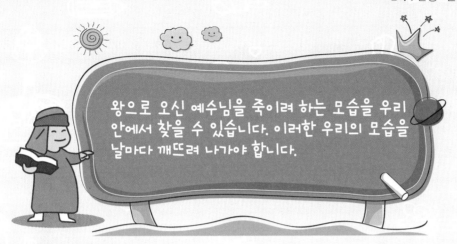

왕으로 오신 예수님을 죽이려 하는 모습을 우리 안에서 찾을 수 있습니다. 이러한 우리의 모습을 날마다 깨뜨려 나가야 합니다.

열매맺기

1. 일주일 동안 QT하면서 회개의 일기 적어보기.

2. 예수님의 탄생을 축하하는 편지를 써봅시다.

3. 내가 하나님보다 더 사랑하는 것이 있으면, 적어서 나눠봅시다.

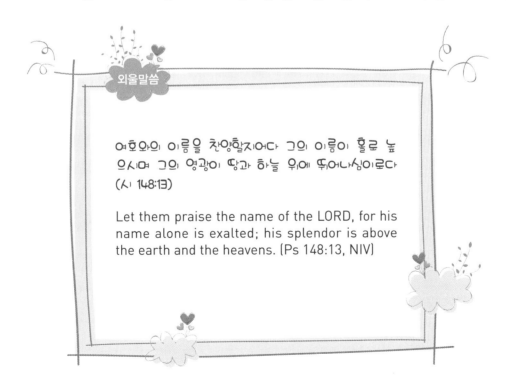

외울말씀

여호와의 이름을 찬양할지어다 그의 이름이 홀로 높으시며 그의 영광이 땅과 하늘 위에 뛰어나심이로다 (시 148:13)

Let them praise the name of the LORD, for his name alone is exalted; his splendor is above the earth and the heavens. (Ps 148:13, NIV)

알렉산더의 명령

막강한 군사력과 위대한 전략으로 많은 땅을 정복하였던 알렉산더 대왕이, 한번은 아주 적은 수의 군대만을 이끌고 한 도시로 갔습니다. 거기서 그는 그곳의 왕을 직접 만나 항복을 종용했습니다. 그 도시의 왕은 제아무리 알렉산더지만, 그 작은 군대로 무슨 싸움을 할 수 있겠냐며 항복을 거부했습니다. 그러자 알렉산더는 자신과 그 군대의 힘이 얼마나 강한지를 보여 주겠노라고 공언하였습니다. 잠시후, 알렉산더는 군대를 일렬로 세워 낭떠러지를 향해 행진할 것을 명령했습니다. 알렉산더의 명령이 떨어지기 무섭게 병사들은 아무 두려움 없이 한 사람씩 낭떠러지로 행군하였습니다. 열 명의 병사가 떨어져 죽은 후, 알렉산더 왕은 행군을 멈출 것을 명령했습니다. 그 모습을 본 그 도시의 왕은 저렇게 죽음을 두려워하지 않고 지도자의 명령에 따르는 군사들에게는 제아무리 강한 요새도, 제아무리 많은 수의 군대도 견디지 못할 것을 깨닫고 항복하고 말았습니다.

한낱 인간을 따르는 군대에게도 이런 목숨을 건 담대한 순종이 있습니다. 그런데 하물며 전능하신 하나님을 사령관으로 모신 우리들이 순종의 결단과 의지를 지니지 못해서야 말이 되겠습니까?

3 어린시절: 왕을 찬양하라

 터닦기기

• 내가 제일 좋아하는 가수나 노래를 말해봅시다. 그 가수와 노래를 좋아하는 이유는 무엇 인가요?

_____

_____

_____

_____

_____

_____

_____

_____

_____

_____

_____

_____

 **씨앗심기**   본문: 누가복음 2장 25~33절

1. 시므온이 기다린 것은 무엇이었나요(25절)?

_____

_____

2. 성령은 시므온이 누구를 볼 것이라고 말씀하셨나요(26절)?

_____

_____

3. 시므온이 아기 예수를 안고 하나님을 찬송한 이유는 무엇일까요(29~32절)?

_____

_____

_____

4. 시므온이 찬양하는 모습을 상상해 봅시다. 내가 찬양하는 모습과 무엇이 같고, 무엇이 다른 가요?

_____

_____

_____

왕으로 오신 예수님을 우리는 찬양해야 합니다.

1. 내가 제일 좋아하는 가수나 노래를 말하고, 그 이유를 설명해봅시다.

_____

_____

_____

2. 일주일 중 위에서 설명한 노래를 듣거나 부르는 시간이 많나요? 아니면 찬양을 듣거나 부르는 시간이 많나요? 왜 그런지 설명해봅시다.

_____

_____

_____

3. TV에 나와서 자신을 위해서 노래하고 춤을 추는 가수들을 보면 시므온은 뭐라고 할까요? 왜 그렇게 생각하나요?

_____

_____

_____

_____

HOT토론

♥ 노래방에서는 신나게 노래하던 친구가, 찬양시간에는 귀찮아 하거나, 부끄러워하는 경우가 있습니다. 그런 친구에게 여러분은 어떤 조언을 해줄 수 있을까요?

_____

_____

_____

_____

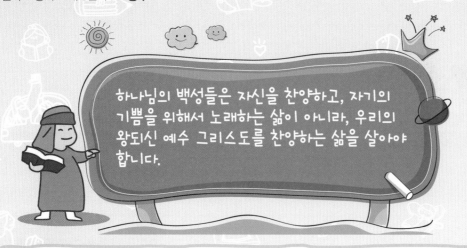

하나님의 백성들은 자신을 찬양하고, 자기의 기쁨을 위해서 노래하는 삶이 아니라, 우리의 왕되신 예수 그리스도를 찬양하는 삶을 살아야 합니다.

열매맺기

1. 가족에게 함께 하루에 1번 찬양부르기

2. 내가 제일 좋아하는 찬송 친구에게 가르쳐주기

3. 내가 좋아하는 가요에 하나님을 찬양하는 가사 적어오기

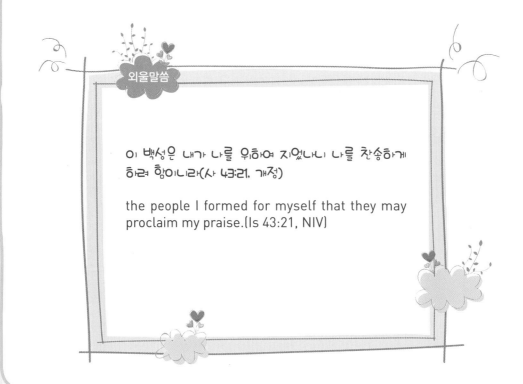

외울말씀

이 백성은 내가 나를 위하여 지었나니 나를 찬송하게 하려 함이니라(사 43:21, 개정)

the people I formed for myself that they may proclaim my praise.(Is 43:21, NIV)

찬송도 못 부르면서

　　미국의 프린스턴 신학교에 있는 어떤 교수님에 관한 이야기이다. 어느 날부터인가 그 교수님의 모습에 이상한 변화가 일어나기 시작했다. 길을 걸어갈 때나 책상에 앉아 있을 때 무엇인가 계속해서 입으로 흥얼흥얼대는 것이었다. 너무나도 이상한 모습에 학생들이 대표를 몇 명 뽑아서 한번 그 사연을 알아보기로 했다. 교수님은 학생들의 방문한 목적을 듣고서는 빙그레 웃으면서 이러한 사연을 말해 주었다. 얼마 전에 자신이 꿈을 꾸었다고 했다. 하늘 나라의 새 예루살렘성에 들어가기 위해서 자신도 다른 사람들과 함께 쭉 줄을 서서 기다리고 있는 중이었다. 여기저기에서 천사들이 줄을 선 사람들의 자격을 심사하고 있었다. 그 교수님도 조마조마한 마음으로 자신의 차례를 기다리고 있었다. 드디어 천사가 나타나서 이러한 질문을 했다. "찬송가에 이러이러한 것 있지? 어디 그것 한번 불러 봐!" 그러나 늘 책과 씨름만 했지 언제 찬송가를 제대로 불러 보았겠는가? 우물우물 몇 소절하다가는 끝내지도 못하고 중단하고 말았다. 그 모습을 보고서 천사가 호통을 쳤다. "이 사람 정말 형편없는 신자구먼! 찬송도 못 부르면서 어떻게 천국에 올려고 그래?"

　　천사가 호통을 치는 소리에 깜짝 놀라 꿈에서 깨어났다는 것이다. 꿈속에서 너무도 혼이 난 이 교수는 그 이후부터 시간이 있는 대로 계속해서 찬송을 부르며 자신의 마음에 찬송이 충만하도록 애를 쓰게 되었다는 것이다.

　　기억하자! 천국은 찬양이 충만한 곳임을!

　　"할렐루야 새 노래로 여호와께 노래하며 성도의 모임 가운데에서 찬양하지어다"(시149:1)

4 공생애 시작: 왕의 능력

터다지기

• 내 외모 중에서 바꾸고 싶은 곳이 있다면 말해봅시다.

씨앗심기

본문: 요한복음 2장 1~11절

물주기

1. 예수님의 말씀대로 항아리 가득 채운 물은 무엇으로 변하였나요(9절)?

_____

_____

2. 예수님은 왜 첫 번째 표적으로 물이 포도주로 변하는 표적을 행하셨을까요(11절)?

_____

_____

3. 최후의 만찬에서 예수님은 포도주를 자신의 무엇이라고 표현하셨나요(마가복음 14장 24절)?

> 성만찬을 통해 예수님께서는 자신이 성도들을 위해서 무엇을 해야할 지, 그리고 성도는 그것을 어떻게 기억하고 기념해야 할지 설명해주셨습니다.

_____

_____

4. 물이 최고급 포도주로 변한 것을 본 일꾼들은 어떤 생각이 들었을까요?

_____

_____

_____

왕이신 예수 그리스도의 첫 번째 사역은 물을 포도주로 변화시키는 사역이었습니다.

1. 부모님께서 하셨던 잔소리 중에 가장 기억에 남는 잔소리를 말해봅시다. 그리고 그 잔소리를 통해 나는 어떻게 바뀌었는지 말해봅시다.

   _____

   _____

   _____

2. 학교(친구들을)를 여러분 마음대로 바꿀 수 있다면, 여러분은 학교를 어떻게 바꾸고 싶나요? 그 이유를 말해봅시다.

   _____

   _____

   _____

3. 앞에서 내가 바꾸고 싶고, 부모님이 바꾸고 싶어하는 것들을 나눠보았습니다. 그렇다면 예수님이 바꾸고 싶어하시는 나의 모습에는 어떤 것들이 있을까요?

   _____

   _____

   _____

   _____

♥ 부모님의 단점을 빼닮은 부분이 있다면 말해봅시다. 그러한 부모님으로부터 물려받은 단점은 절대 바뀔 수 없을까요?

_____

_____

_____

_____

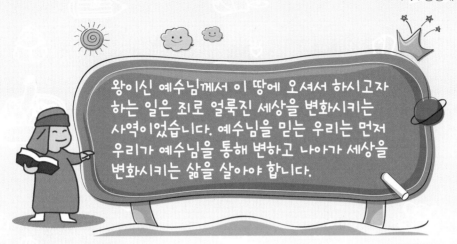

왕이신 예수님께서 이 땅에 오셔서 하시고자 하는 일은 죄로 얼룩진 세상을 변화시키는 사역이었습니다. 예수님을 믿는 우리는 먼저 우리가 예수님을 통해 변하고 나아가 세상을 변화시키는 삶을 살아야 합니다.

1. 다른 사람 몰래 착한 일 하기

2. 예수님이 싫어하실 나의 모습 적어보고, 기도하기

3. 말씀암송하기

크도다 경건의 비밀이여, 그렇지 않다 하는 이 없도다 그는 육신으로 나타난 바 되시고 영으로 의롭다 하심을 받으시고 천사들에게 보이시고 만국에서 전파되시고 세상에서 믿은 바 되시고 영광 가운데서 올려지셨느니라(딤전 3:16, 개정)

Beyond all question, the mystery of godliness is greatÐ He appeared in a body, was vindicated by the Spirit, was seen by angels, was preached among the nations, was believed on in the world, was taken up in glory.(1Tm 3:16, NIV)

변 화

내가 젊고 자유로워서 상상력에 한계가 없을 때, 나는 세상을 변화시키겠다는 꿈을 가졌었다. 좀 더 나이가 들고 지혜를 얻었을 때 나는 세상이 변하지 않으리라는 걸 알았다. 그래서 내 시야를 약간 좁혀 내가 살고 있는 나라를 변화시키겠다고 결심했다.

그러나 그것 역시 불가능한 일이었다. 황혼의 나이가 되었을 때 나는 마지막 시도로, 나와 가장 가까운 내 가족을 변화시키겠다고 마음을 정했다.

그러나 아무도 달라지지 않았다. 이제 죽음을 맞이하기 위해 누운 자리에서 나는 문득 깨닫는다. 만일 내가 내 자신을 먼저 변화시켰더라면, 그것을 보고 내 가족이 변화되었을 것을...

또한 그것에 용기를 얻어 내 나라를 더 좋은 곳으로 바꿀 수 있었을 것을... 그리고 누가 아는가, 세상까지도 변화되었을지!

5 가르침: 섬기는 왕도 있나요

 터닦지기

• 내가 제일 존경하는 사람과 그 이유를 말해봅시다.

_____

_____

_____

_____

_____

_____

_____

_____

_____

_____

_____

_____

_____

_____

 씨앗심기

본문: 요한복음 13장 1~20절, 마가복음 8장 31절

물주기

1. 예수님께서 저녁 잡수시던 자리에서 하신 일은 무엇인가요(4절)?

_____

_____

2. 예수님의 행동에 베드로는 어떻게 반응했나요(6절)? 그렇게 행동한 이유는 무엇일까요?

> 예수님 시대의 이스라엘은 샌들을 신고 다녔습니다. 그리고 먼지로 더러워진 발을
> 씻는 것은 노예나 종들이 하는 일이었습니다.

_____

_____

_____

3. 마가복음 8장 31절에서 예수님은 어떻게 될 것을 제자들에게 가르치셨나요?

_____

_____

4. 여러분이 베드로였다면 예수님의 행동에 뭐라고 대답했을까요? 그 이유를 말해봅시다.

_____

_____

_____

왕으로 오신 예수님은 죽기까지 우리를 섬기고
사랑하시기 위해서 오셨습니다.

꽃 피우기

1. 내가 하지 않아도 되는 일을 해본 적이 있다면 말해봅시다(다른 사람이 버린 쓰레기를 대신 치운 일 등등).

2. 가끔 TV나 인터넷에서 사고가 났을 때, 자신의 목숨을 걸고 다른 사람을 구하는 사람들의 이야기를 보면 어떤 기분이 드나요?

3. 예수님께서 굳이 하지 않아도 되는, 도리어 베드로는 거부한 가장 더러운 일을 하신 이유는 무엇일까요?

HOT토론

♥ 친구들과 수학여행을 가는 중에 비행기에서 사고가 났습니다. 하지만 숫자를 세어보니 낙하산이 하나 모자랐습니다. 승무원과 비행기 기장, 선생님과 학생 중 누가 낙하산을 양보해야 할까요? 그 이유를 말해봅시다.

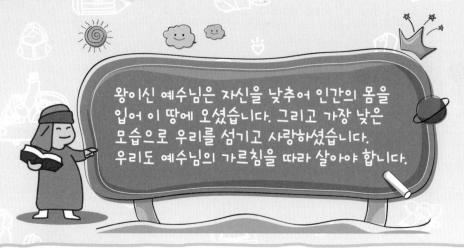

왕이신 예수님은 자신을 낮추어 인간의 몸을 입어 이 땅에 오셨습니다. 그리고 가장 낮은 모습으로 우리를 섬기고 사랑하셨습니다. 우리도 예수님의 가르침을 따라 살아야 합니다.

열매맺기

1. 아무 조건 없이 집안일 하나 돕기
2. 아무 조건 없이 학교에서 착한 일 하나 하기
3. 말씀암송하기

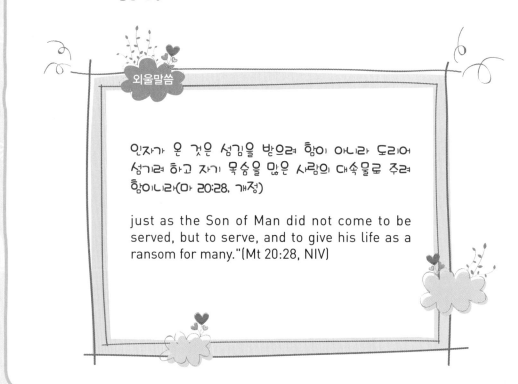

외울말씀

인자가 온 것은 섬김을 받으려 함이 아니라 도리어 섬기려 하고 자기 목숨을 많은 사람의 대속물로 주려 함이니라(마 20:28, 개정)

just as the Son of Man did not come to be served, but to serve, and to give his life as a ransom for many."(Mt 20:28, NIV)

38

섬김의 향기

테레사 수녀를 가까이 하는 사람마다 그녀의 인격에 순결한 감동을 받습니다. 특별히 그녀가 질투 없이 살아가는 그 삶의 모습이 주변의 사람들에게 커다란 도전이 되었습니다. 어느 날 이 테레사와 함께 살고 있었던 한 분이 그녀에게 이런 질문을 했다고 합니다. 그때 마침 테레사는 한 어린이의 고름을 만지면서 치료를 하고 있었을 때입니다. 이 분이 그녀 곁에 다가서서 이런 질문을 합니다.

"수녀님. 당신은 잘 사는 사람. 평안하게 살아가는 사람. 그리고 높은 자리에서 삶을 살아가는 그런 사람들을 바라볼 때에 시기심이 안 생깁니까. 이런 삶으로 만족하십니까.

이 질문을 받았을 때 테레사는 이런 유명한 대답을 했습니다.

"허리를 굽히고 섬기는 사람에게는 위를 쳐다볼 수 있는 시간이 없으니까요."

여기에서 우리는 섬김의 지혜를 터득한. 섬김의 자부심을 터득한 여인의 모습을 볼 수가 있습니다. 하늘나라의 스타는 섬기는 사람들입니다. 섬기는 것이 귀한 것입니다. 우리가 주 앞에 서는 날 주님은

"네가 몇 사람을 밟았는가."라는 질문을 하지 않으실 것입니다.

"너는 얼마나 어깨에 폼을 재면서 삶을 살았는가."라는 질문이 통하지 않을 것입니다. 우리가 주님 앞에 서는 날 주님께서 물으실 질문을 생각하십시오.

"너는 몇 사람을 섬겼느냐."

우리의 삶을 이 섬김의 향기와 섬김의 자질로 가득채워봅시다

6 병고침: 예수, 하나님이 보내신 왕

 터다지기

• 내가 했던 심부름 중 부모님께서 가장 기뻐하셨던 일은 무엇인가요?

 **씨앗심기**　　　**본문: 요한복음 4장 31~34절**

성경적 세계관의 틀과 문화를 도구로
다음 세대를 세우는 **토론식 성경공부 교재**

삶이 있는 신앙 시리즈

정치
경제
사회
문화
미디어
대중매체

추천　**전광식** 고신대학교 전 총장
　　　신국원 총신대학교 명예교수
　　　홍민기 브리지임팩트사역원 이사장

우리가 만든 주일학교 교재는
성경적 세계관의 틀과 문화를 도구로 합니다.

왜 '성경적 세계관의 틀'인가?

진리가 하나의 견해로 전락한 시대에, 진리의 관점에서 세상의 견해를 분별하기 위해서

◇ 성경적 세계관의 틀은 성경적 시각으로 우리의 삶을 보게 만드는 원리입니다.

◇ 이 교재는 성경적 세계관의 틀로 현상을 보는 시각을 길러줍니다.

왜 '문화를 도구'로 하는가?

어린이, 청소년, 청년들의 삶에 가장 큰 영향을 끼치는 것이 문화이기 때문에

◇ 문화를 도구로 하는 이유는 우리의 자녀들이 문화 현상 속에 젖어 살고, 그 문화의
기초가 되는 사상(이론)을 자신도 모르게 이미 받아들이고 있기 때문입니다.

◇ 공부하는 학생들의 삶의 현장으로 들어갑니다(이원론 극복).

✦ 다른 세대가 아닌 다음 세대 양육

자기 생각에 옳은 대로 하는 포스트모던적인 사고의 틀을 벗어나, 하나님의 말씀에 기초
해서 생각하고 행동하는 성경적 세계관(창조, 타락, 구속)의 틀로 시대를 읽고 살아가는
"믿음의 다음 세대"를 세울 구체적인 지침서!

✦ 가정에서 실질적인 쉐마 교육 가능

각 부서별(유년, 초등, 중등, 고등)의 눈높이에 맞게 집필하면서 모든 부서가 "동일한 주
제의 다른 본문"으로 공부하도록 함으로써, 가정에서 부모와 자녀가 함께 성경에 대한 유
대인들의 학습법인 하브루타식의 토론이 가능!

✦ 원하는 주제에 따라서 권별로 주제별 성경공부 가능

성경말씀, 조직신학, 예수님의 생애, 제자도 등등

✦ 3년 교육 주기로 성경과 교리에 대한 기본적인 이해가 가능하도록 구성(삶이 있는 신앙)

   – 1년차 : 성경말씀의 관점으로 본 창조 / 타락 / 구속
   – 2년차 : 구속사의 관점으로 본 창조 / 타락 / 구속
   – 3년차 : 하나님 나라의 관점으로 본 창조 / 타락 / 구속

"토론식 공과는 교사용과 학생용이 동일합니다!" (교사 자료는 "삶이있는신앙" 홈페이지에 있습니다)

1 목적

부지불식간(不知不識間)에 대중문화와 또래문화에 오염된 어린이들의 생각을 공과교육을 통해서 성경적 세계관으로 전환시킨다. 이를 위해 현실 세계를 분명하게 직시함과 동시에 그 현실을 믿음(성경적 세계관)으로 바라보며, 말씀의 빛을 따라 살아가도록 지도한다(이원론 극복).

2 구성

쉐 마 분명한 성경적 원리의 전달을 위해서 본문 주해를 비롯한 성경의 핵심 원리를 제공한다(씨앗심기, 열매맺기, 외울말씀).

문 화 지금까지 단순하게 성경적 지식 제공을 중심으로 한 주일학교 교육의 결과 중 하나가 신앙과 삶의 분리, 즉 주일의 삶과 월요일에서 토요일의 삶이 다른 이원론(二元論)이다. 우리 교재는 학생들의 삶 속에서 일어나는 문화를 토론의 주제로 삼아서 신앙과 삶의 하나 됨(일상성의 영성)을 적극적으로 시도한다(터다지기, 꽃피우기, HOT 토론).

세계관 오늘날 자기중심적인 시대정신에 노출된 학생들의 생각과 삶의 방식을 성경적 세계관을 토대로 바라보게 함으로써, 자신을 돌아보고 삶에 적용하는 것을 돕는다.

3 설교

학생들이 공과의 내용을 잘 이해하고, 공과 공부 시간을 풍성하게 하기 위해서, 부서 사역자가 매주 '동일한 주제의 다른 본문'으로 설교를 한 후에 공과를 진행한다.

권별	부서별	공과 제목	비고
시리즈 1권 (입문서)	유 · 초등부 공용	성경적으로 세계관을 세우기	신간 교재 발행!
	중 · 고등부 공용	성경적 세계관 세우기	
시리즈 2권	유년부	예수님 손잡고 말씀나라 여행	주기별 기존 공과 1년차-1/2분기
	초등부	예수님 걸음따라 말씀대로 살기	
	중등부	말씀과 톡(Talk)	
	고등부	말씀 팔로우	
시리즈 3권	유년부	예수님과 함께하는 제자나라 여행	주기별 기존 공과 1년차-3/4분기
	초등부	제자 STORY	
	중등부	나는 예수님 라인(Line)	
	고등부	Follow Me	
시리즈 4권	유년부	구속 어드벤처	주기별 기존 공과 2년차-1/2분기
	초등부	응답하라 9191	
	중등부	성경 속 구속 Lineup	
	고등부	하나님의 Saving Road	
시리즈 5권	유년부	하나님 백성 만들기	주기별 기존 공과 2년차-3/4분기
	초등부	신나고 놀라운 구원의 약속	
	중등부	THE BIG CHOICE	
	고등부	희망 로드 Road for Hope	
시리즈 6권	유년부		2024년 12월 발행 예정!
	초등부		
	중등부		
	고등부		

🔽 『삶이있는신앙시리즈』는 "입문서"인 1권을 먼저 공부하고 "성경적 세계관"을 정립합니다.

🔽 토론식 공과는 순서와 상관없이 관심있는 교재를 선택하여 6개월씩 성경공부를 할 수 있습니다.

물주기

1. '그 사이'에 어떤 일이 있었는지 찾아봅시다(7~30절).

2. 예수님의 양식은 무엇이었나요(34절)?

3. 예수님께서는 자신을 보낸 분을 누구라고 하시나요(요5:36)?

4. 나를 이 땅에 보내신 분과 예수님을 이 땅에 보내신 분은 같은 분일까요, 다른 분일까요? 왜 그렇게 생각하나요?

왕이신 예수님께서도 하나님의 보냄을 받았습니다.

꽃피우기

1. 엄마가 국에 넣을 소금을 사오라고 심부름을 보냈는데, 내가 좋아하는 설탕을 사온다면 어떤 일이 벌어질까요?

_____

_____

2. 여러분이 조선시대에 대한민국의 대표 사절단으로 일본으로 갔습니다. 그런데 일본의 왕이 한국에는 조금 불리한 조건이지만, 나한테는 엄청난 이익을 주는 조건을 제시했습니다. 여러분이라면 어떻게 할 생각인가요?

_____

_____

_____

3. 죽은 자를 살리고, 병자를 고치는 능력뿐만 아니라, 세상의 모든 권세를 가지고 있는 예수님께서 하나님의 뜻을 따른 이유가 무엇일까요?

_____

_____

_____

HOT토론

♥ 점심시간에 우리반 친구가 다른 반 친구와 다투다가, 일방적으로 맞고, 반으로 돌아왔습니다. 모든 아이들이 가서 복수를 하자고 합니다. 하나님께서는 원수를 갚지 말고, 사랑하라고 하셨는데, 나는 어떻게 해야 할까요?

_____

_____

_____

_____

_____

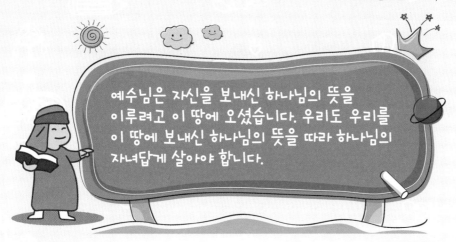

예수님은 자신을 보내신 하나님의 뜻을 이루려고 이 땅에 오셨습니다. 우리도 우리를 이 땅에 보내신 하나님의 뜻을 따라 하나님의 자녀답게 살아야 합니다.

열매맺기

1. 하나님께서 나를 학교에 보내신 뜻을 찾아서 적어보기

2. 하나님께서 나를 우리 집에 보내신 이유를 찾아서 실천해보기

3. 말씀암송하기

외울말씀

예수께서 이르시되 나의 양식은 나를 보내신 이의 뜻을 행하며 그의 일을 온전히 이루는 이것이니라(요 4:34, 개정)

"My food," said Jesus, "is to do the will of him who sent me and to finish his work.
(Jn 4:34, NIV)

신하와 임금

임금이 한 신하를 불러 이상한 명령을 내렸습니다.

"이 우물물을 길어 저기 밑 빠진 독에 가득히 채우시오."

밑 빠진 독에 물이 채워질 리가 없습니다. 그렇지만 충성스러운 신하는 오직 임금의 명령만 생각하면서 밤을 낮 삼아 물을 길어 날랐습니다. 결국 우물 바닥이 드러나고 말았습니다. 그런데 우물 바닥에 무엇인가 번쩍이는 것이 보였습니다. 그것은 엄청나게 큰 금덩어리였습니다. 신하는 임금 앞에 무릎을 꿇었습니다.

"임금님, 용서하소서. 독에 물을 채우지 못했습니다. 그러나 우물 바닥에서 이 금덩이를 건졌나이다."

임금은 빙그레 웃으며 말했습니다.

"밑 빠진 독에 물을 채우겠다고 우물이 바닥나도록 수고했구려. 그대는 참으로 충성스러운 신하요. 그 금덩이는 그렇게 순종하는 신하를 위해 준비된 것이라오."

7 죽음: 반역이 일어나다

터다지기

• 살면서 가장 억울했던 경험을 말해봅시다.

_____

_____

_____

_____

_____

_____

_____

_____

_____

_____

_____

씨앗심기   본문: 요한복음 19장 14~22절

1. 빌라도는 예수님을 누구라고 소개하나요(14절)?

_____

_____

_____

2. 사람들의 반응은 어땠나요(15절)? 그렇게 반응한 이유는 무엇일까요?

_____

_____

_____

3. 베드로가 예수님을 모른 척한 이유는 무엇일까요(요18:15~27)(예수님은 제자들과 우리를 위해서 죽음을 선택했지만, 베드로는 자신을 위해서 삶을 택했다)?

_____

_____

_____

_____

4. 예수님을 죽이고자 소리친 사람들과 예수님을 알고도 모른 척 한 베드로 중에 예수님을 더 슬프게 한 사람은 누구였을까요?

_____

_____

_____

_____

왕이신 예수님께서 우리를 위해 대신 죽임을 당하셨습니다.

꽃 피우기

1. 동생이나 나보다 어린 친구한테 무시당하거나, 괴롭힘을 당한 적이 있다면 말해봅시다.

_____

_____

2. 누군가를 대신해서 고통을 당한 적이 있다면 말해봅시다.

_____

_____

_____

3. 예수님께서는 자신이 만든 사람들에게 죽임을 당할 것을 알고도 왜 모른척하며 십자가
에서 죽임을 당하셨을까요?

_____

_____

_____

_____

HOT토론

♥ 내가 제일 좋아하는 친구가 어느 날, 엄마가 교회다니는 친구랑 놀지 마라고
했다며, 더 이상 나랑 어울릴 수 없다고 합니다. 여러분이라면 어떻게 할 생각
인가요?

_____

_____

_____

_____

_____

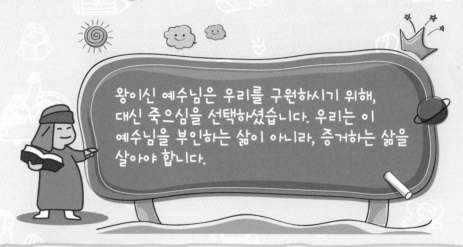

왕이신 예수님은 우리를 구원하시기 위해, 대신 죽으심을 선택하셨습니다. 우리는 이 예수님을 부인하는 삶이 아니라, 증거하는 삶을 살아야 합니다.

 **열매맺기**

1. 예수님을 모르는 친구에게 예수님에 대해서 설명해주기

2. 날 괴롭히거나 못살게구는 친구 이름적고, 용서해주기.

3. 말씀암송하기

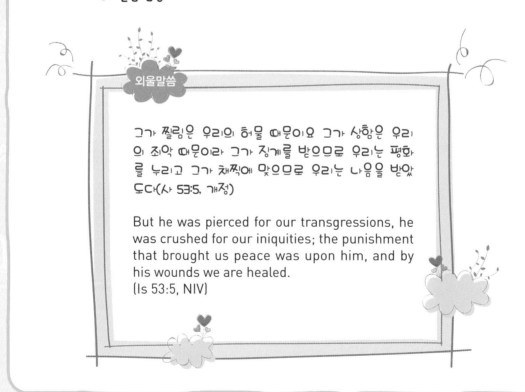

외울말씀

그가 찔림은 우리의 허물 때문이요 그가 상함은 우리의 죄악 때문이라 그가 징계를 받으므로 우리는 평화를 누리고 그가 채찍에 맞으므로 우리는 나음을 받았도다(사 53:5, 개정)

But he was pierced for our transgressions, he was crushed for our iniquities; the punishment that brought us peace was upon him, and by his wounds we are healed.
(Is 53:5, NIV)

폴리갑의 순교

서머나 교회를 담임한 사람은 요한의 제자인 폴리갑이었습니다.

그는 죽도록 충성한 그러한 제자였습니다. 주후155년 빌라델비아의 성도 11명과 함께 불에 타 순교하였습니다. 당시 폴리갑은 '가이사는 주다'라는 고백을 강요당했습니다. 폴리갑은 이를 거부했습니다. 투기장에 끌어다 놓고 많은 군중이 모인 가운데 서머나 총독은 '지금이라도 늦지 않으니 그리스도를 비난하고 그를 모른다고 하라. 그러면 내가 맹세코 너를 좋아 주리라'고 했습니다, 그러나 폴리갑은 의연하게 대답하기를

'내가 86년간 예수 그리스도를 섬기고 믿어 왔는데 그는 나에게 아무런 피해도 주시지 않으셨다 하물며 나의 주인이시며 왕이요 구세주인신 그 분을 어떻게 배반 할 수 있는가?'

라고 했습니다. 그리고는 다시 한 번 독촉하는 총독에게 '그대는 헛수고를 하고 있고 가이사의 운명을 걸고 맹세하노니 내가 누구이며, 무엇하는 자인가를 그대가 모른 척 하지 마시오. 내가 지금 하는 말을 똑똑히 들어두시오 나는 그리스도인요' 그리고는 잠깐 침묵이 흘렀습니다. 총독은 당황과 분노를 누르고 다시 한 번 협박과 회유를 하였습니다. "그대의 운명은 내 손아귀에 있다. 그대가 그 결심을 돌이키지 않으면 준비해둔 사나운 짐승을 풀어 너를 찢게 할 줄을 알면서도 두려워하지 않음을 보았으니 이제는 화형에 처하겠다." 그러나 폴리갑은 이에 굴하지 않고 총독을 향하여 단호하게 "그대는 한 시간 정도면 타다가 꺼져 버릴 불로써 나를 위협하고 있으나 악인을 위하여 준비된 장차올 심판과 형벌의 영원한 불은 모르고 있소 뭘 주저하시오 원하는 대로 곧 시행하시오"라고 했습니다. 잠시 후 사람들이 장작더미를 쌓았는데 으래 그래왔던 것처럼 유대인들도 이를 도왔습니다. 이에 폴리갑은 화형을 당했습니다

8 부활: 결정적 승리

터다지기

• 내가 경험하거나 들었던 최고의 반전이나 역전이 있다면 말해봅시다.

씨앗심기 본문: 마태복음 28장 1~10절

물주기

1. 막달라 마리아와 다른 마리아가 새벽에 무덤을 찾아간 이유는 무엇일까요(1절)?

_____

_____

_____

2. 예수님은 어떻게 되셨나요(6절)? 그 사실을 들은 그들의 반응은 어땠나요(8절)?

_____

_____

_____

3. 요한복음11장 25절에서 예수님은 자신을 무엇이라고 표현하나요? 그리고 예수님을 믿는 자는 어떻게 된다고 하나요?

_____

_____

_____

4. 부활하신 예수님이 슬프고 힘든 일이 있는 나에게 찾아오신다면 어떤 말씀을 하실까요?

_____

_____

_____

왕이신 예수님께서는 죽음의 권세를 누르고 부활하셨습니다.

꽃 피우기

1. 가족이 죽어서 슬펐던 경험이 있다면 나눠봅시다.

_____

_____

_____

2. 만약 오늘 내가 죽는 다면, 나는 어떻게 될까요.

_____

_____

_____

3. 죽음까지 경험하시고, 마침내 부활하신 예수님은 다른 종교가 믿는 신들과 어떻게 다를 까요.

_____

_____

_____

HOT 토론

♥ 안믿는 사람들은 장례식을 영원한 이별이라는 영결식이라고 부릅니다. 가족의 슬픔으로 힘들어하는 친구에게 여러분은 어떤 말을 해줄 수 있을까요?

_____

_____

_____

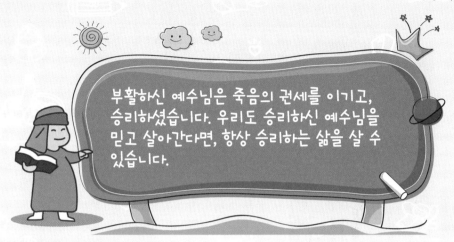

부활하신 예수님은 죽음의 권세를 이기고, 승리하셨습니다. 우리도 승리하신 예수님을 믿고 살아간다면, 항상 승리하는 삶을 살 수 있습니다.

열매맺기

1. 부활의 예수님을 믿지 않는 친구에게 전하기

2. 요한복음 20장을 읽고 예수님의 부활장면을 그림으로 그려오기

3. 말씀 암송

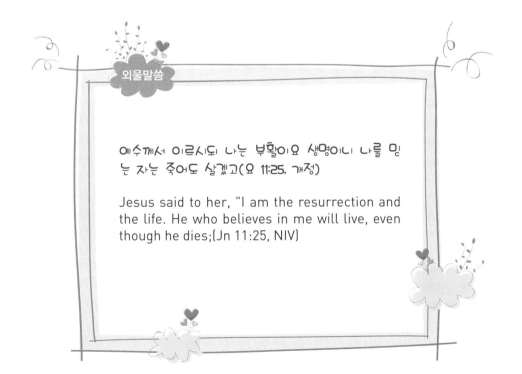

외울말씀

예수께서 이르시되 나는 부활이요 생명이니 나를 믿는 자는 죽어도 살겠고(요 11:25, 개정)

Jesus said to her, "I am the resurrection and the life. He who believes in me will live, even though he dies;(Jn 11:25, NIV)

부활이 있기에 소망이 있다

부활이 있기에 소망이 있다. 1967년 6월 30일, 17살 운동선수 조니 에릭슨은 체시피크 만에서 다이빙을 하다가 사고를 당했습니다. 그 사고로 인해 목 아래 모든 전신이 마비된 그녀는 실망과 좌절, 원망, 분노, 심지어 자살하고 싶은 심정까지 인간이 겪을 수 있는 모든 감정에 휩싸였습니다. 하지만 재활 훈련 및 치료 기간을 통해, 그리고 부모님, 자매들과 친구들의 열렬한 후원을 통해 점차 깊은 블랙홀에서 빠져 나왔습니다. 그녀는 입으로 그림을 그리는 법을 배웠습니다. 그리고 장애를 가진 사람들을 후원하는 모임도 만들었습니다. 그녀의 변화의 중심에는 성경을 재발견한 일이 있었습니다. 그녀는 자기처럼 '움직이지 못하고 무력하며 마비된 채' 십자가에 달리신 예수님에 대한 말씀과 환상을 보면서 도움을 받았습니다. 하지만 그녀에게 가장 큰 도움을 준 것은 부활이었습니다. 그 후 그는 이렇게 고백합니다.

"나는 이제 미래에 대한 소망이 있다. 성경은 우리의 몸이 하늘에서 영화롭게 된다고 말한다. 그때는 내가 여기에서 죽은 후 내 발로 춤을 출 때다 손가락은 오그라들어 구부러지고, 근육은 쇠약해지고, 무릎은 비틀리고, 어깨 아래로는 아무런 감각이 없는 내가, 언젠가는 가볍고 밝으며 강력하고 눈부신 의로 옷 입은 새로운 몸을 가지게 될 것이다. 이것이 나처럼 척추를 다친 사람에게, 뇌 손상을 입은 환자 혹은 조울증 환자에게 어떤 소망을 주는지 상상할 수 있는가? 다른 어떤 종교나 철학도 새로운 몸과 정신을 약속하지 않는다. 오직 그리스도의 부활의 복음 안에서만, 상처 입은 사람이 이처럼 놀라운 소망을 발견할 수 있다.

9 재림: 그때를 알 수 없는 왕의 귀환

터다지기

• 수련회나, 할머니 댁에 갔다가 부모님을 오랜만에 만난 경험이 있다면 말해봅시다. 부모님의 얼굴을 마주했을 때, 어떤 기분이 들었나요?

본문: 사도행전 1장 1~11절

물주기

1. 하나님 아버지께서 약속하신 것은 무엇일까요(4절)?

_____

_____

_____

2. 제자들이 나라의 회복에 관하여 질문할 때, 예수님은 언제라고 대답하셨나요(7절)?

_____

_____

_____

3. 승천하시는 예수님을 바라보는 사람들에게 흰 옷 입은 두 사람은 뭐라고 말씀하시나요
(11절)?

_____

_____

_____

4. 자신들을 두고 올라가는 예수님을 바라보는 제자들의 마음은 어땠을까요?

_____

_____

_____

부활하신 예수님은 다시 오신다고 말씀하셨습니다.

 꽃피우기

1. 아빠가 내가 제일 갖고 싶었던 선물을 가지고 오고 있다고 합니다. 나는 어떻게 기다릴 생각인가요?

_____

_____

_____

2. 내가 제일 좋아하는 TV프로는 무엇인가요? 그 시간이 다가오면 어떤 기분이 드나요?

_____

_____

_____

3. 아빠도 가끔 약속을 지키지 못할 때가 있고, TV프로도 가끔 결방할 때가 있습니다. 예수님도 다시 오지 않을 수 있을까요? 왜 그렇게 생각하나요?

_____

_____

_____

_____

 HOT토론

♥ 예수님을 기다리는 나의 모습과 아빠나 선물, 혹은 Tv프로그램을 기다리는 나의 모습은 어떻게 다른 가요? 이런 나를 보면 예수님은 뭐라고 하실까요?

_____

_____

_____

_____

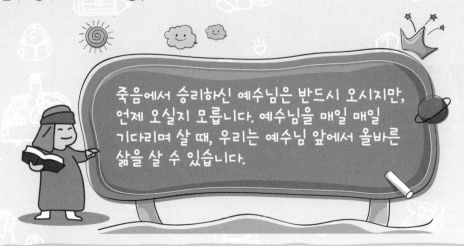

죽음에서 승리하신 예수님은 반드시 오시지만, 언제 오실지 모릅니다. 예수님을 매일 매일 기다리며 살 때, 우리는 예수님 앞에서 올바른 삶을 살 수 있습니다.

열매맺기

1. 자기 전 오늘 하루 하나님 말씀과 다르게 산 것 회개하고 자기

2. 학교에서 입으로 죄 짓지 않기

3. 말씀 암송

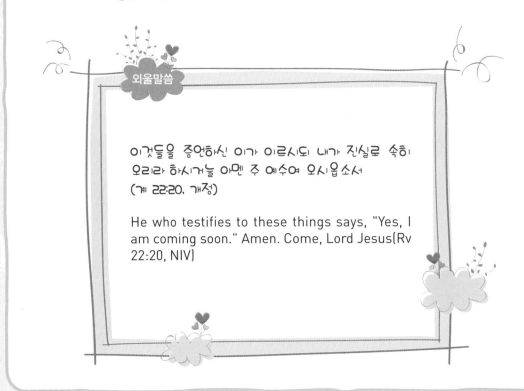

외울말씀

이것들을 증언하신 이가 이르시되 내가 진실로 속히 오리라 하시거늘 아멘 주 예수여 오시옵소서 (계 22:20, 개정)

He who testifies to these things says, "Yes, I am coming soon." Amen. Come, Lord Jesus(Rv 22:20, NIV)

엄마를 기다리는 아들의 준비

몇 년 전 국가대표라는 영화가 개봉을 하여 큰 인기를 얻었습니다. 국내에서는 처음으로 스키점프를 소재로 한 영화이기에, 생소했지만 많은 인기를 얻었었습니다. 극중에 주인공으로 등장하는 하정우씨는 어릴 적 미국으로 입양된 입양아로 등장하는데, 미국 국적의 사람이 한국의 국가대표가 되기 위해 벌어지는 많은 에피소드와 감동적인 일들 관객의 큰 호응을 얻었습니다.

하지만 극중에서 인상에 남는 장면이 하나 있습니다. 그것은 하정우 씨가 자신의 어머니를 찾기 위해 "아침마당"이라는 프로그램에 출연하는 것입니다. 입양되었던 사람들이 한 사람, 한 사람 인터뷰되고, 드디어 하정우 씨의 차례가 되었습니다. 그러자 특이하게도 하정우 씨는 통역을 쓰지 않고 본인이 직접 한국말을 하며 인터뷰에 참여합니다. 방청객도 놀라고, 진행자도 놀라고, 시청자들도 놀랐습니다. 인터뷰가 진행되다가, 진행자로 등장하는 손범수 씨와 이금희 씨가 하정우 씨에게 물었습니다. "어떻게 한국어를 이렇게 잘하시지요?" 그러자 하정우씨는 대답합니다. "엄마를 기다렸어요. 엄마 만나는 것을 기다렸어요. 그래서 한국 드라마도 보고 한글공부도 혼자하고, 한인교회도 나갔어요. 그리고 한인교회도 나갔어요. 엄마를 기다렸어요."

하정우씨는 엄마를 만날 날을 기다리며 한국어를 열심히 공부했습니다. 우리도 조금은 다르지만, 하나님께서 우리에게 다시 오실 날을 기다리면서 하나님의 말씀대로 살기 위해서 노력해야 합니다.

10 성품: 경청

터다지기

• 내 이야기를 가장 잘 경청해주는 사람은 누구인가요? 그 사람의 특징을 말해봅시다.

씨앗심기

본문: 마태복음 20장 29~34절

물주기

1. 예수님과 큰 무리가 지나갈 때, 맹인 두 사람은 뭐라고 소리쳤나요(30절)?

_____

_____

_____

2. 큰 무리는 두 맹인을 어떻게 대했나요(31절)?

_____

_____

_____

3. 예수님께서는 어떻게 행동하셨나요(32절)?

_____

_____

_____

4. 예수님께서 우리 동네를 지나가신다면 나는 어떻게 할지 얘기해봅시다.

_____

_____

_____

_____

왕이신 예수님께서는 가장 낮고 약한 자의 말에
경청하셨습니다.

1. 부모님께서 어리다고 내 말을 무시했던 적이 있다면 말해봅시다.

2. 쉬는 시간에 친구들과 얘기를 할 때, 아무도 내 얘기에 대답해 주지 않는다면, 어떤 기분이 들까요?

3. 내가 제일 무시하는 말은 누가하는 말인가요? 그 이유를 말해봅시다.

♥ 내가 듣고 싶은 말은 경청하고, 듣기 싫은 말은 무시한다면 예수님께서는 뭐라고 하실까요?

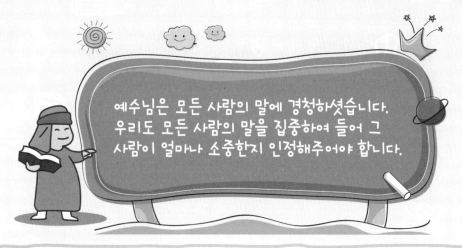

예수님은 모든 사람의 말에 경청하셨습니다.
우리도 모든 사람의 말을 집중하여 들어 그
사람이 얼마나 소중한지 인정해주어야 합니다.

열매맺기

1. 부모님께서 나를 부르실 때, 네!라고 대답하기

2. 친구가 이야기할 때, 눈 마주쳐주기

3. 말씀암송하기

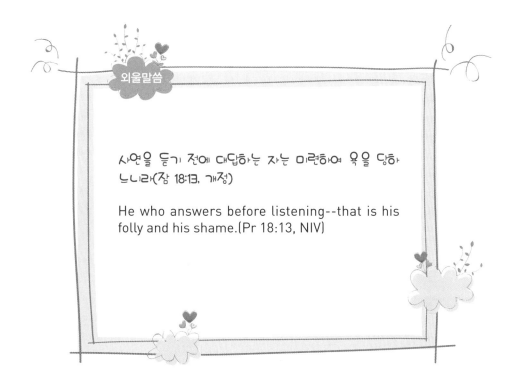

외울말씀

사연을 듣기 전에 대답하는 자는 미련하여 욕을 당하
느니라(잠 18:13, 개정)

He who answers before listening--that is his
folly and his shame.(Pr 18:13, NIV)

경청의 힘

미국의 유명한 정신분석학자인 칼 메닝거박사는 이렇게 말했습니다.

"듣는 일은 신비한 자력을 가진 창조적인 힘입니다. 모든 사람들은 자기 말을 잘 들어주는 사람의 곁에 머물고 싶어 합니다. 누군가 우리 말에 귀 기울여주 때, 우리의 존재는 만들어지고 열리고 확장됩니다. 나는 이 진리를 깨달은 뒤부터 모든 사람에게 애정을 갖고 그들의 말에 귀를 기울입니다. 처음에는 건조하고 하찮고 지루한 이야기뿐일지 모르지만 곧 그들은 거기에 마음을 담기 시작합니다. 그리고 그때부터 놀랍고 생생한 자신의 진정한 모습을 드러냅니다."

당신이 보이는 관심의 햇살은 말하는 사람의 꽃봉오리를 덥혀서 만개하게 하고 그 빛 속에서 당신이 그 꽃을 감상할 수 있게 도와줍니다.

경청은 말하는 사람과 듣는 사람 모두에게 혜택을 주는 놀라운 능력입니다.

11 특강: 가짜 왕 주의보

 터다지기

• 이단을 만나거나 본 적이 있다면 말해봅시다.

_____

_____

_____

_____

_____

_____

_____

_____

_____

_____

_____

_____

_____

_____

_____

_____

_____

_____

 **씨앗심기**   본문: 베드로후서 2장 1절, 디도서 3장 10절

1. 백성 가운데 어떤 자들이 일어났나요?

2. 이단은 어떻게 될 자들이라고 하나요?

3. 이단은 누구를 부인하는 자들이라고 하나요?

4. 디도서 3장 10절은 이단을 어떻게 하라고 하나요?

이단은 우리와 비슷해 보이지만, 끝은 전혀 다릅니다.

1. 이단이 계속해서 나타나는 이유는 무엇일까요?

_____

_____

_____

_____

2. 사람들이 이단에 빠지고, 쉽게 빠져나오지 못하는 이유는 무엇일까요?

_____

_____

_____

_____

3. 이단을 만나면 어떻게 대처해야 할까요?

_____

_____

_____

_____

_____

♥ 나의 가족이 이단에 빠졌다는 이야기를 듣게 되었습니다. 나는 어떻게 대처해야 할까요?

_____

_____

_____

_____

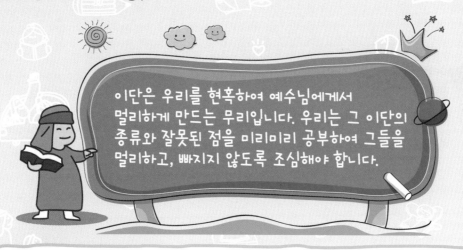

이단은 우리를 현혹하여 예수님에게서 멀리하게 만드는 무리입니다. 우리는 그 이단의 종류와 잘못된 점을 미리미리 공부하여 그들을 멀리하고, 빠지지 않도록 조심해야 합니다.

열매맺기

1. 유명한 이단 이름 외워오기

2. 우리 집에 이단 서적 있는지 찾아보기

3. 말씀암송하기

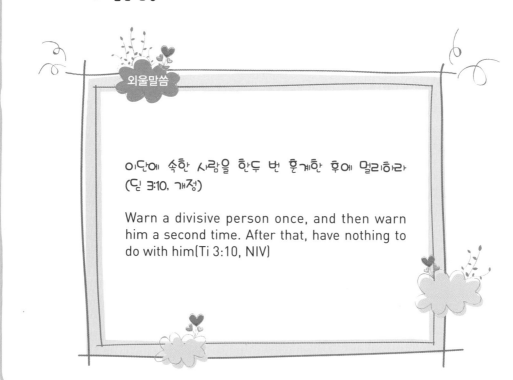

외울말씀

이단에 속한 사람을 한두 번 훈계한 후에 멀리하라 (딛 3:10, 개정)

Warn a divisive person once, and then warn him a second time. After that, have nothing to do with him(Ti 3:10, NIV)

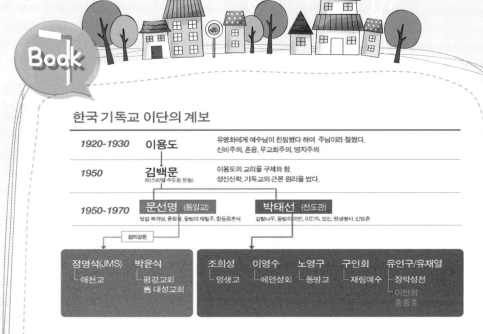

한국 기독교 이단의 계보

1920-1930	**이용도**	유명화에게 예수님이 친림했다 하여 주님이라 절했다. 신비주의, 흔음, 무교회주의, 영지주의
1950	**김백문** (이스라엘 수도원 운동)	이용도의 교리를 구체와 함. 성신신학, 기독교의 근본 원리를 썼다.

1950-1970	**문선명** (동일교)	**박태선** (전도관)
	양갈 복귀실, 윤회실, 동방의 재림주, 합동결혼식	감람나무, 동방의의인, 이긴자, 성신, 명생봉사, 신앙촌

원리강론

정명석(JMS)	박윤식		조희성	이영수	노영구	구인회	유인구/유재열
└ 애천교	└ 평강교회 譻 대성교회		└ 영생교	└ 에덴성회	└ 동방교	└ 재림예수	└ 장막성전 이만희 홍종효

한국 기독교 이단의 주요계열

장막성전 계열
유재열의 제자들

이만희 / 홍종효 / 심재권
정창래 / 김풍일 / 구인회

비유풀이를 통한 신격화 교리
인처는 자, 보혜사, 어린양, 생명나무
배멸구 교리를 통한 구원자
신천지 장막성전이 새 하늘과 새 땅
시온기독교 신학원(구 무료성경신학원)
및 복음방운영, 130개의 지교회
기존 교회로 위장된 교회 다수

안식교 계열
제칠일 안식일 예수재림교

박명호 / 안상홍 / 참예수교

안식일, 유월절 교리
안상홍 성령 하나님이라 주장
다윗의 위, 멜기세덱 교리, 재림과 강림
동방의 의인, 하늘 어머니교리
박명호: 한농 복구회, 한농 종묘사,
한농 유기비료 공장
위생 병원, 삼육식품, 삼육재단

구원파 계열

권신찬 / 박옥수 / 이요한

깨달아 구원 받는 영지주의 적 구원관
회개가 필요 없는 무 율법주의
박옥수: 국내외 300개 지부
이요한: 전국40개 지부

귀신파 계열
김기동,베뢰아의 제자들

이초석 / 한만영
박무수 / 이명범

양태론
극단적 신비주의, 4단계 회개(박무수)
김기동: 전국 30개 지부 CBA선교단체
이초석: 전국 80개 지회 땅 끝 예수 전도단
박무수: 부산 제일교회, 삼사신학교, 도서출판 34
이명범: 국내외 400여개지부 운영

출처 : 이단 사이비 연구 종합자료

에필로그 Epilogue

4분기 교재의 구성

4분기 전체를 관통하는 키워드는 제자도이다. 4분기는 어떻게 삶 속에서 예수님을 믿고 따를 것인지를 구체적으로 다룬다.

유·초등부는 1-2과에서 제자의 정체성과 그에 합당한 삶을 다루면서, 제자는 말이 아니라 삶임을 가르친다. 3-6과는 자기부인이라는 큰 그림 속에서 방심하면 실수할 수 있는 거짓말, 욕심, 언어습관, 이기주의에 대해서 제자도로 풀어낸다. 7과는 적극적이 제자의 삶이 착한 행실을 다룬다. 8과는 제자의 궁극적인 목표인 전도자가 되어야 함을 제시한다. 9과는 성경에 나오는 제자의 가장 이상적인 모델인 바울의 삶을 다룬다. 10과는 특별공과로 공적인 예배의 순서 가운데 한 요소이면서, 삶의 예배에서 그 중요함을 결코 간과할 수 없는 기도에 대해서 다룬다. 11과는 3분기와 동일하게 각 부서에 필요한 특강을 제공한다.

중·고등부는 1-2과에서 우리를 향한 예수님의 부르심과 그에 합당한 제자의 삶에 대한 큰 그림을 그린다. 3-6과는 청소년의 실제적인 현실이고 엄청난 영향을 끼치는 공부, 교우관계, 성, 외모에 대해서 제자도로 풀어낸다. 7-8과는 1-2과에 이어서 제자의 정체성을 분명하게 정의하고, 제자의 궁극적 목표인 전도자가 되어야 함을 권면한다. 9과는 유초등부와 마찬가지로, 성경에 나오는 제자의 가장 이상적인 모델인 바울의 삶을 통해 제자의 모델을 제시한다. 10과와 11과는 유초등부와 동일한 주제를 다룬다.

제자STORY

주일학교 공과 교재 **4분기**

1 제자의 정체성:
우리 만남은 우연이 아니야

터다지기

• 내가 나를 표현하는 단어를 선택하고 이유를 말해봅시다. 옆 친구에게 나를 표현하는 단어를 선택해 달라고 말하고, 이유를 들어봅시다.
(착함, 소심, 긍정, 게으름, 잘생김, 장난이 심함, 예쁨, 노래를 잘함, 눈이 잘생김, 피부가 좋음, 목소리가 좋음, 배려, 등등)

씨앗심기

 본문: 창세기 32장 21~32절

물주기

1. 선물까지 보낸 야곱은 왜 강을 건너지 못하고 있었을까요(22~24절)?

_____

_____

_____

2. 하나님께서 야곱을 찾아간 이유는 무엇이었을까요(30절)?

_____

_____

_____

3. 야곱이 뼈가 부러지면서까지 하나님을 붙잡은 이유는 무엇일까요?

_____

_____

_____

4. 하나님을 만나고 나서, 에서를 만나러 가는 야곱의 마음은 어떻게 변했을까요?

_____

_____

_____

_____

하나님의 백성의 정체성은 하나님을 만나는 순간,
하나님으로부터 시작됩니다.
Tip) 정체성: 절대 변하지 않는 그 사람의 진짜 존재 이유

1. 나를 한 문장으로 표현해보고, 그 이유를 말해봅시다.

   _____

   _____

2. 나에 대해 잘 알지 못하는 사람들이 나에 대해 말하는 것을 들은 적이 있다면 말해봅시다. 그 말을 들을 때, 어떤 생각이 들었나요? 그 이유를 말해봅시다.

   _____

   _____

3. 다른 사람이 이야기 하는 내 모습이 진짜 내 모습일까요? 아니면, 내가 생각하는 내 모습이 진짜 내 모습일까요? 하나님은 어떻게 생각하실까요?

   _____

   _____

4. 사람은 원숭이에서 진화되었다는 진화론, 하나님께서 창조하셨다는 창조론 등 사람은 어디서 왔는지에 대한 많은 이야기가 있습니다. 사람은 어디서 왔을까요? 그 이유를 말해봅시다.

   _____

   _____

♥ 내가 제일 싫어하는 별명은 무엇인가요? 어느 날 그 별명이 교회에 소문이 나서 교회의 모든 친구들이 나를 그렇게 부르기 시작한다면 나는 어떻게 할 생각인가요?

_____

_____

_____

_____

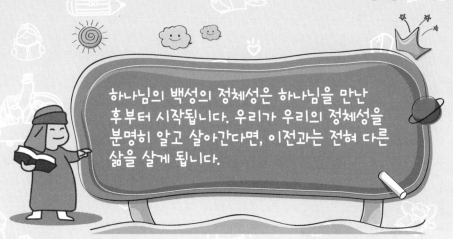

하나님의 백성의 정체성은 하나님을 만난 후부터 시작됩니다. 우리가 우리의 정체성을 분명히 알고 살아간다면, 이전과는 전혀 다른 삶을 살게 됩니다.

열매맺기

1. "하나님의 자녀" 라는 단어가 들어가는 나의 좌우명 만들기
2. 말씀 암송

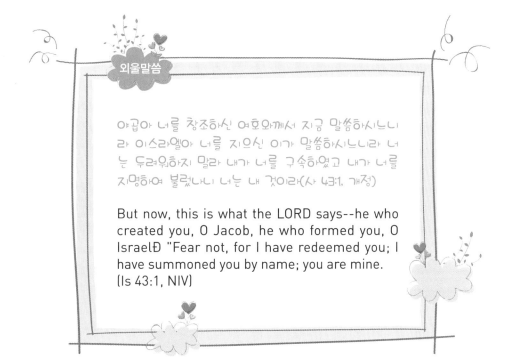

외울말씀

야곱아 너를 창조하신 여호와께서 지금 말씀하시느니라 이스라엘아 너를 지으신 이가 말씀하시느니라 너는 두려워하지 말라 내가 너를 구속하였고 내가 너를 지명하여 불렀나니 너는 내 것이라(사 43:1, 개정)

But now, this is what the LORD says--he who created you, O Jacob, he who formed you, O IsraelÐ "Fear not, for I have redeemed you; I have summoned you by name; you are mine. (Is 43:1, NIV)

Book 7

히딩크를 만난 박지성

박지성은 한 스포츠 잡기 인터뷰에서 "히딩크 감독을 만나기 전까지 히딩크처럼 내게 큰 도움과 지지를 준 이가 없었다. 히딩크는 내 삶을 바꿔놓았다. 그가 지금의 나를 있게 했다"며 감사의 마음을 전했다. 박지성의 말대로 그가 축구인생의 '딥 임팩트(deep impact)'를 찍는데는 히딩크 감독의 도움이 절대적이었다. 히딩크 감독과 박지성의 인연은 2002년 한·일 월드컵 때로 거슬러 올라간다. 당시 한국 대표팀을 맡았던 히딩크 감독은 박지성에 무한신뢰를 보였다. 그가 부진할 때도 변치 않는 믿음으로 그라운드에 세웠다. 박지성도 포르투갈전에서 그림같은 골을 터뜨린 뒤 히딩크 감독에게 달려가 감사의 포옹으로 답례했다. 이 장면은 아직도 축구 팬들의 머리 속에 뚜렷히 남아있다. 히딩크 감독의 '지성 사랑'은 월드컵 4강 신화를 작성한 뒤 네덜란드 명문 PSV에인트호번 사령탑으로 복귀한 뒤에도 계속 됐다. 입단 초기 박지성이 부상으로 고전할 때에도 히딩크 감독은 든든한 병풍 역할을 해주었다. 결국 박지성의 에인트호번의 핵심 멤버로 성장하면서 '스승'의 믿음에 보답했고, 네덜란드에서의 활약을 바탕으로 2005년 맨체스터 유나이티드에 입단했다. 아무리 아름다운 진주라도 흙 속에 묻혀있으면 그 환한 빛은 겉으로 드러나기 어렵다. 박지성의 재능이 잘 드러날 수 있도록 그를 켜켜이 덮고 있던 어두운 흙을 걷어내준 것이 히딩크 감독이었다.

박지성에게 있어서 히딩크 감독은 그의 생을 완전히 바꿔놓은 사람이었습니다. 히딩크는 흙 속에 묻혀 있는 진주 같았던 박지성의 재능을 알아차린 사람이었고 그가 그의 재능을 잘 발휘할 수 있도록 그에게 덮여있는 흙을 걷어내 주었던 사람입니다. 그가 빛나는 스타가 될 수 있도록 도와 준 사람이었습니다. 박지성의 삶에 히딩크가 없었다면… 히딩크와의 만남이 없었다면…박지성은 그저 그런 축구선수로 남았을지도 모릅니다.

2 제자의 삶: 기준, 그 이상의 기준

 터닦집기

• 다른 사람들(부모님, 친구, 선생님 등)이 말하는데도 고치기 싫은 나만의 습관(기준)이 있다면 말해봅시다. 그 이유도 함께 말해봅시다.

_____

_____

_____

_____

_____

_____

_____

_____

_____

_____

 **씨앗심기** 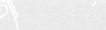 본문: 다니엘 1장 1~21절

1. 이스라엘은 무너뜨린 바벨론 왕이 "흠이 없고, 아름다우며 모든 지혜를 통찰하며 지식에 통달하며 학문에 익숙"한 소년들을 바벨론으로 데리고 온 이유는 무엇이었을까요(4절)?

　　─────────────────────────────────

2. 5절에서 왕이 최고의 음식과 대우를 해주었습니다. 굳이 그것을 거절할 필요가 있었을까요(8절)?

    너는 삼가 그 땅의 주민과 언약을 세우지 말지니 이는 그들이 모든 신을 음란하게 섬기며 그들의 신들에게 제물을 드리고 너를 청하면 네가 그 제물을 먹을까 함이며 (출 34:15, 개정)

　　─────────────────────────────────
　　─────────────────────────────────

3. 환관장의 기준과 다니엘의 기준은 어떤 다른 기준을 낳았나요(15,16절)? 그 이유는 무엇일까요?

　　─────────────────────────────────
　　─────────────────────────────────

4. 만약 우리나라가 이스라엘처럼 이웃나라 포로로 끌려가거나, 내가 다니엘과 같은 상황이라면 여러분은 어떻게 할 생각인가요?

　　─────────────────────────────────
　　─────────────────────────────────
　　─────────────────────────────────

하나님의 사람은 세상과 다른 기준으로 살아갑니다.

꽃 피우기

1. 학교에서 예수님을 믿는다고 말해서 힘들었던 적이 있다면 말해봅시다. (ex. 욕, 장난, 밥 먹을 때 기도 등등)

_____

_____

2. 나에게 불리한 상황이 온다고 해도, 절대 양보하지 않고 지키는 하나님의 말씀이 있다면 말해봅시다. 다른 친구들이 본다면 뭐라고 말할까요? 하나님이 보신다면 뭐라고 하실까요?

_____

_____

_____

3. 열심히 공부하고 주말에는 놀거나, 놀러가는 친구들이 있습니다. 주중에는 공부하고, 주말에는 교회서 예배드리러 가면서, 그 친구들이 부러웠던 적은 없었나요? 다니엘이 여러분을 본다면 뭐라고 말할까요?

_____

_____

_____

HOT토론

♥ 나랑 제일 친한 친구 중 누군가가 피해를 입어서 다른 친구들과 함께 복수를 하기로 했습니다. 그런데 하나님께서 원수를 사랑하라고 하시고, 복수하는 것은 싫어한다는 말씀이 생각났습니다. 복수는 하나님이 싫어하시는 것이고, 복수하지 않는 것은 친구들이 싫어하는 것입니다. 여러분이라면 어떻게 할 생각인가요?

_____

_____

_____

_____

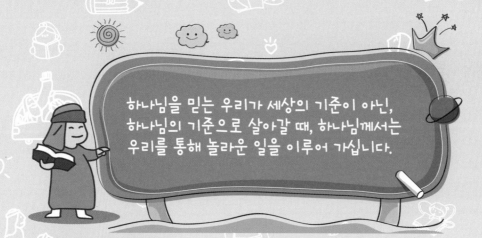

하나님을 믿는 우리가 세상의 기준이 아닌, 하나님의 기준으로 살아갈 때, 하나님께서는 우리를 통해 놀라운 일을 이루어 가십니다.

열매맺기

1. 주일 예배를 위해 토요일 10시 전에 자기
2. 일주일동안 하나님의 말씀을 읽고, 내 인생의 기준 세가지 만들어오기
3. 말씀 암송

외울말씀

너희는 이 세대를 본받지 말고 오직 마음을 새롭게 함으로 변화를 받아 하나님의 선하시고 기뻐하시고 온전하신 뜻이 무엇인지 분별하도록 하라(롬 12:2, 개정)

Do not conform any longer to the pattern of this world, but be transformed by the renewing of your mind. Then you will be able to test and approve what God's will is--his good, pleasing and perfect will.(Rm 12:2, NIV)

사자굴 속에 들어간 다니엘

❶ 총리 세명 중 한 명 다니엘.

❷ 시기하는 대신들이 꾀를 냄

❸ 속아서 도장을 찍는 왕

❹ 그래도 기도하는 다니엘

❺ 끌려서 사자굴에 들어가는
다니엘, 괴로워하는 왕,
기뻐하는 대신들

❻ 하루가 지남

❼ 다니엘이 그대로
왕이 하나님게 영광을 돌림

❽ 대신들이 사자굴에 들어감

3 자기부인1 거짓말: 거짓말은 내 입을 떠나라

터닦기

• 다음 중 내가 생각하는 가장 나쁜 죄를 골라봅시다. 그 이유를 말해봅시다. (술, 거짓말, 담배, 폭력, 살인)

_____

_____

_____

_____

_____

_____

_____

_____

_____

_____

_____

_____

_____

씨앗심기

본문: 시편 5편 1~12절, 출애굽기 20:16

1. 하나님께서 미워하고, 싫어하시는 것에는 무엇이 있나요(4~6절)?

_____

_____

2. 그 중에서 반드시 멸망시키는 자(6절)와 십계명 중 9계명(출20:16)을 비교해봅시다.

_____

_____

3. 이사야서에서 하나님께서는 어떤 자를 자신의 자녀라고 말씀하셨는지, 하나님은 그런
   자들의 무엇이 되어주시는지 찾아봅시다(사63:8).

    그가 말씀하시되 그들은 실로 나의 백성이요 거짓을 행하지 아니하는 자녀라 하시고
   그들의 구원자가 되사(사 63:8, 개정)

_____

_____

4. 다윗은 11, 12절에서 의인의 하나님을 찬양합니다. 본문을 읽었을 때, 다윗과 하나님
   보시기에 나는 의인에 가깝나요, 악인에 가깝나요?

_____

_____

_____

하나님은 거짓을 말하고 행하는 사람을 미워하십니다.

1. TV에 나오는 연예인이나, 정치인들이 거짓말을 하는 것을 본 적이 있나요? 어떤 생각이 들었는지 말해봅시다.

_____

_____

2. 친구나 가족, 주위 사람들의 거짓말에 감쪽같이 속았던 적이 있다면 말해봅시다. 어떤 기분이 들었는지 말햅봅시다.

_____

_____

_____

3. 내가 했던 거짓말 중 아무도 모르고, 나만 아는 거짓말이 있나요? 하나님께서는 내가 거짓말 하는 모습을 보면서 어떤 생각을 하셨을까요?

_____

_____

_____

HOT토론

♥ 교회에서 성경을 읽어온 장 수 만큼 달란트를 준다고 합니다. 그리고 나중에 내가 제일 좋아하는 핸드폰, 학용품, 물건들을 살 수 있는 파격적인 달란트 시장을 한다고 합니다. 그런데 성경을 읽지 않고 벌써 한 학기가 마칠 때가 되었습니다. 선생님께서 몇 장 읽었는지 물어보신다면 뭐라고 대답할 생각인가요? 그 이유를 말해봅시다.

1) 거짓말해서 달란트를 왕창 받는다.
2) 일단은 거짓말을 해서 달란트를 받고, 나중에 거짓말 한 만큼의 성경을 읽는다.
3) 선생님께 솔직하게 말하고, 달란트를 받지 않는다.
4) 선생님께 솔직하게 말하고, 그래도 달란트를 조금 달라고 떼쓴다.
5) 기타

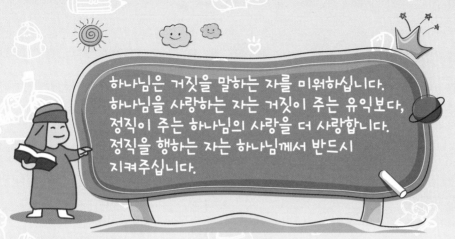

하나님은 거짓을 말하는 자를 미워하십니다.
하나님을 사랑하는 자는 거짓이 주는 유익보다,
정직이 주는 하나님의 사랑을 더 사랑합니다.
정직을 행하는 자는 하나님께서 반드시
지켜주십니다.

열매맺기

1. 거짓말을 할 때마다, 표시해서 숫자적어오기

2. 거짓말을 하고 싶을 때 마다 손으로 입을 막기

3. 말씀 암송

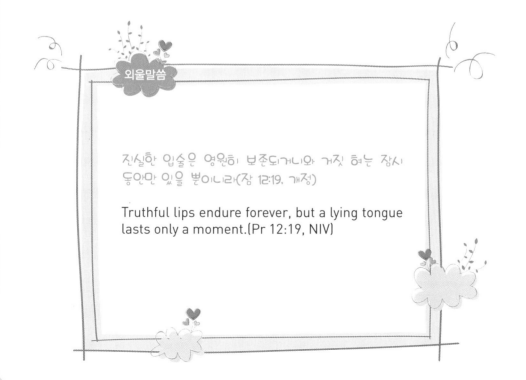

외울말씀

진실한 입술은 영원히 보존되거니와 거짓 혀는 잠시
동안만 있을 뿐이니라(잠 12:19, 개정)

Truthful lips endure forever, but a lying tongue
lasts only a moment.(Pr 12:19, NIV)

나는 하루에 몇 번이나 거짓말을 할까?

미국 캘리포니아 대학에서 사람이 하루에 몇 번 정도 거짓말을 하는지 조사해 보았습니다. 20명의 몸에 소형 마이크를 부착해 하루에 얼마나 거짓말을 하는지 조사했더니 아주 사소한 것, 의례적인 말까지 포함해 약 200번, 약 7분에 한 번 꼴로 거짓말을 한다는 기록이 나왔습니다.

미 항공우주국(NASA)이 주최한 시험에서 1위를 차지했다고 알려져 인도 전역을 떠들썩하게 만든 17세의 소년이 있었습니다. 그러나 인도 사람들에게 희망과 자부심을 심어준 이 소년의 이야기가 그만 거짓이라고 밝혀지자 인도의 온 국민은 허탈감에 빠졌습니다.

이 어마어마한 사건의 발단은 아주 사소한 것으로부터 시작되었다고 합니다. '싱'이라는 소년은 친구들에게 장난삼아 자신이 NASA에서 주최한 국제 과학자 시험에서 1등을 했다고 거짓말을 했습니다. 그리고 한 술 더 떠서 우주 항공학자로 유명한 현직 인도 대통령보다 더 성적이 좋았다고 떠벌렸습니다. 그 거짓말은 순식간에 퍼지기 시작했습니다. 기자들까지 그를 찾아와 취재를 했고 신문에까지 나오게 됐습니다. 각지에서 그 소년에게 상금이 전달되었고 정치인들과 기업인들이 그에게 기부금을 내겠다고 했습니다. 더구나 이 소년은 대통령과의 접견까지 예정되어 있었습니다.그런데 방송에서 그 소년에 대해 취재를 하는 도중 소년의 거짓말이 밝혀지기 시작했습니다. 영국으로 시험을 치르기 위해 인디언 항공을 이용했다고 하는데 인디언 항공사는 런던 편을 운항하고 있지도 않았고, 그가 시험을 치르기 위해 런던에서 묵었다는 호텔은 있지도 않았습니다. NASA에 문의해 본 결과 그러한 시험은 있지도 않았다는 통보를 받게 되었습니다. 결국 그는 경찰의 조사를 받게 되었습니다. 처음에는 단순하게 시작했던 거짓말이 예상치 못한 일들로 계속 불어나면서 이 소년은 자신의 거짓말에 거짓말을 추가했습니다. 결국 거짓말은 눈덩이처럼 불어났고 그 자신도 주체하지 못할 지경에 이르러서야, 자신의 말이 거짓이었음을 밝혔습니다.

4

자기부인2 욕심:
욕심쟁이는 사라졌다

 터다지기

• 내가 아는 가장 욕심쟁이는 누구인가요? 그 이유를 말해봅시다.

 씨앗심기

본문: 누가복음 19장 1~10절

물주기

1. 예수님께서 여리고에서 만난 사람을 설명해봅시다(2,3절).
   이름: 직업:
   특징:

> **세리:** 로마의 지배를 받던 이스라엘 사람에게서 세금을 걷어서 로마에게 바치는 사람, 욕심을 채우기 위해, 부당한 이익을 많이 취해서 이스라엘 사람들에게 미움을 받았다.

2. 예수님과 삭개오의 만남을 사람들은 뭐라고 말했나요(7절)? 왜 그렇게 말했을까요?
   _____
   _____

3. 삭개오는 예수님을 만나고 어떻게 변했나요(8절)? 예수님은 변화된 삭개오에게 뭐라고 말씀하셨나요(9절)?

    아브라함이 하나님을 믿으매 그것을 그에게 의로 정하셨다 함과 같으니라. 그런즉 믿음으로 말미암은 자들은 아브라함의 자손인 줄 알지어다(갈 3:6~7, 개정)

   _____
   _____
   _____

4. 나는 예수님을 만나고 어떻게 변했나요? 내게 일어난 변화를 말해봅시다.
   _____
   _____
   _____

 하나님의 은혜와 사랑으로 구원받은 백성은, 이제 자신의 욕심을 따라 살지 않습니다.

1. 많은 것을 가졌는데도 더 갖고 싶어하는 친구를 보면 어떤 생각이 드나요?

_____

_____

_____

2. 욕심은 모든 곳에 숨어있습니다(성적, 돈, 인기, 칭찬, 사랑 등). 주위의 친구들이나 나의
   모습 중에 위의 것을 얻기 위해서 애썼던 모습이 있다면 말해봅시다.

_____

_____

_____

3. 예수님을 만나고도, 여전히 욕심을 부리는 나를 보면 예수님은 뭐라고 생각하실까요?

_____

_____

_____

_____

♥ 교회 수련회를 왔습니다. 1등 조의 선물이 내가 정말 갖고 싶었던 선물이었습
니다. 그래서 열심히 참석하여 마지막 날 아침까지 우리 조가 1등이었습니다.
그런데 동생 한 명이 이름표를 챙기지 않은 이유로 감점을 받아서 2등을 하고
말았습니다. 나는 이 동생에 뭐라고 말해야 할까요?

_____

_____

_____

_____

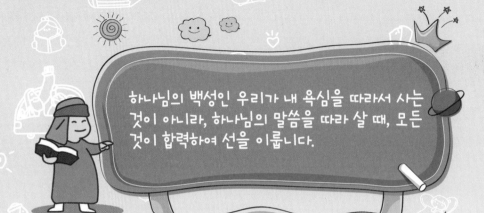

하나님의 백성인 우리가 내 욕심을 따라서 사는 것이 아니라, 하나님의 말씀을 따라 살 때, 모든 것이 합력하여 선을 이룹니다.

열매맺기

1. 친구에게 양보 실천하기 (물건, 칭찬, 등)

2. 아침에 일어나서 성령님의 도움을 구하는 기도하기

3. 말씀 암송

외울말씀

내가 이르노니 너희는 성령을 따라 행하라 그리하면 육체의 욕심을 이루지 아니하리라. (갈 5:16)

So I say, live by the Spirit, and you will not gratify the desires of the sinful nature. (Gl 5:16, NIV)

땅부자의 유언

　한 마을에 파흄이라는 사람이 살고 있었습니다. 파흄은 누구보다도 논밭을 넉넉히 가지고 있었습니다만, 더 가지고 싶은 욕심이 많아서 누가 땅이라는 말만 들먹여도 귀를 번쩍번쩍 세우곤 하였습니다. 그러던 어느 날이었습니다. 그는 한 나그네로부터 기가 막힌 정보를 입수하였습니다. 곧, 적은 돈으로도 많은 땅을 살 수 있는 곳이 있다는 것이었습니다. 파흄은 당장 서둘렀습니다. 돈주머니를 허리에 차고 그곳을 향해 길을 떠났습니다. 드디어 파흄은 땅을 마음대로 골라서 살 수 있다는 마을에 도착했습니다. 여기 사람들은 멍청하게도 무한히 넓은 땅의 한 귀퉁이에서 작은 오두막들을 짓고 조용히 살고 있었습니다. 누가 더 차지하기 위해 다투는 일도 없었으며, 그저 서로 마음 놓고 소와 양을 키우면서 농사를 짓고 사는 사람들이었습니다. 파흄은 촌장을 찾아가서 말하였습니다. "나는 땅을 사기 위해 왔습니다, 땅값은 얼마입니까?" 그러자 촌장이 대답하였습니다. "예. 하루에 천 루블입니다." 촌장의 대답을 들은 파흄은 침을 꼴깍 삼키면서 물었습니다. "하루라는 것은 땅 몇 평인지요?" "우리는 그런 셈은 잘 모릅니다. 다만 당신이 하루 동안 걸어 다닌 땅은 모두 당신의 것으로 인정한다는 말입니다. 그러나 한 가지 명심하여야 할 일이 있습니다. 당신은 해가 뜰 때 걷기 시작해서 해가 지기 전에 제자리에 돌아와야 합니다. 물론 당신이 걸어간 곳에 표시를 해 두어야 합니다. 만일 당신이 돌아오지 못하면 돈은 우리 차지고 당신에게는 땅이 돌아가지 않습니다"라고 촌장이 대답했습니다. 이 말을 들은 파흄은 얼씨구나 하고 천 루블을 지불하였습니다. 그리고는 해가 뜨자마자 부리나케 걸었습니다. 파흄은 시간이 아까워 밥도, 물도 걸으면서 먹었습니다. 물론 쉬지도 않았습니다. 그리고 정오가 되었습니다. 그러나 파흄은 더 좋은 땅이 자꾸만 나타났기 때문에 발길을 돌릴 수가 없었습니다. 어느덧 해가 서쪽으로 제법 기울었습니다. 그제서야 파흄은 허겁지겁 삽으로 표시를 한 다음 돌아오기 시작하였습니다. 그러나 뛰어도, 뛰어도 출발했던 지점은 나타나지 않았습니다. 입에서 단내가 났습니다. 눈앞이 가물가물하였습니다. 파흄은 간신히 해가 지평선에 넘어갈 무렵에 출발점으로 돌아왔습니다. 하지만 그는 그 자리에 쓰러져서 영영 다시 일어나지를 못했습니다. 마을 사람들은 파흄의 시체를 그곳에 묻어 주었습니다. 그가 차지한 땅은 겨우 한 평이 조금 넘을까 말까 했습니다.

　파흄은 육체의 욕심을 따라 조금만 더, 조금만 더 하다가 결국 그 욕심 때문에 죽었습니다. 그리고 자신이 묻혀진 땅 겨우 한 평밖에 얻지 못했습니다. 이렇듯이 우리가 육체의 욕심을 따라 살아가면 끝없는 육체의 욕심으로 결국 영원히 죽게 될 것이고, 반대로 성령을 따라 행하면 우리는 성령의 열매를 맺으면서 살아갈 것입니다.

5 자기부인3 언어습관: 말하는 수준이 다르다

터다지기

• 평소에 내가 제일 많이 하는 말은 무엇인가요? 그 이유도 말해봅시다.

_____
_____
_____
_____
_____
_____
_____
_____
_____
_____
_____
_____
_____

씨앗심기   본문: 사무엘상 25:10~35

1. 나발이 어리석은 말을 통해 이룬 것은 무엇인가요(10~13절)?

_____

_____

2. 아비가일이 지혜로운 말을 통해 이룬 것은 무엇인가요(32,33절)?

_____

_____

_____

3. 다윗은 아비가일의 지혜로운 말이 누구로부터 나온 것임을 알았나요(32절)?

_____

_____

_____

4. 내가 하는 말은 누구로부터 나온 것이 많나요? (나, 친구, 부모님, TV, 하나님 등)

_____

_____

_____

예수님의 제자는 자기 마음대로 말하는 것이 아니라,
하나님이 주신 지혜를 따라 말해야합니다.

1. 내가 좋아하는 유행어가 있다면 말해봅시다. 없다면 요즘 유행하는 단어나 표현을 말해 봅시다.

_____

_____

_____

2. 내가 말을 했는데, 주위 친구들이 너무 좋아했던 말이 있다면 말해봅시다. 친구들이 왜 그 말을 좋아했을까요?

_____

_____

_____

3. 내가 말을 했는데, 하나님께서 정말 좋아하실 것 같았던 말이 있다면 말해봅시다. 나는 내가 하는 말을 친구들이 좋아하길 원하나요? 하나님이 좋아하길 원하나요? 그 이유를 말해봅시다.

_____

_____

_____

_____

♥ TV에서 나오는 유행어를 통해 다른 친구를 놀리면서 주위를 즐겁게 만드는 친구가 있습니다. 다른 친구는 욕과 거친 말로 다른 친구를 압도하는 친구가 있습니다. 어느 날 이 친구들과 말다툼이 벌어졌습니다. 여러분은 어떤 말로 이 친구들과의 갈등을 해결할 생각인가요? 하나님께서는 어떤 말을 하길 원하실까요?

_____

_____

_____

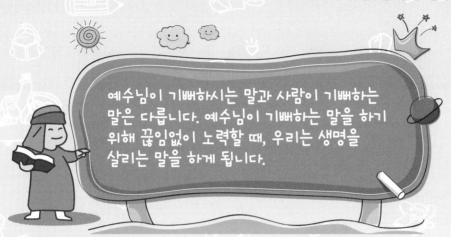

예수님이 기뻐하시는 말과 사람이 기뻐하는 말은 다릅니다. 예수님이 기뻐하는 말을 하기 위해 끊임없이 노력할 때, 우리는 생명을 살리는 말을 하게 됩니다.

열매맺기

1. 하루에 감사합니다 10번 말하기.

2. 말씀 암송

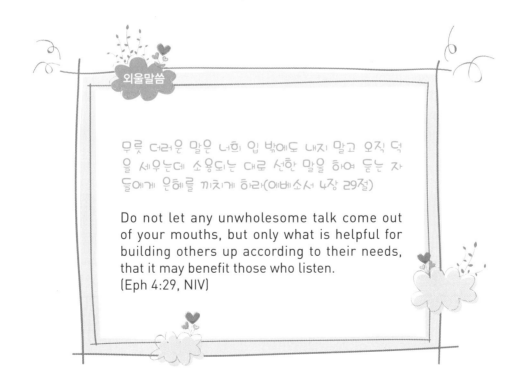

외울말씀

무릇 더러운 말은 너희 입 밖에도 내지 말고 오직 덕을 세우는데 소용되는 대로 선한 말을 하여 듣는 자들에게 은혜를 끼치게 하라(에베소서 4장 29절)

Do not let any unwholesome talk come out of your mouths, but only what is helpful for building others up according to their needs, that it may benefit those who listen.
(Eph 4:29, NIV)

음악 속에 숨겨진 언어

도레미파솔라시도는 서기 1000년경 이탈리아의 성직자이자 음악가인 '구이도 다레초'가 그레고리오 성가 중 〈세례자 요한 탄생 축일의 저녁기도〉라는 곡의 가사에서 첫 머리를 따왔다고 합니다. 그 이후로 조금씩 수정되면서 지금의 "도레미파솔라시도"를 사용했다고 하네요. 그리고 각각의 머리글자들에는 이런 의미가 담겨 있다고 합니다!

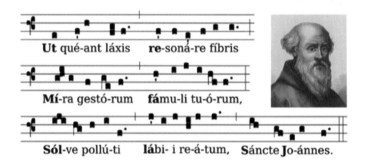

Ut qué-ant láxis   re-soná-re fíbris
Mí-ra gestó-rum   fámu-li tu-ó-rum,
Sól-ve pollú-ti   lábi- i re-á-tum,   Sáncte Jo-ánnes.

Do : Dominus. 하나님

Re : Resonance. 하나님의 음성

Mi : Miracle. 기적

Fa : Famille. 가족. 제자

Sol : Solution 구원. 사랑

La : Labii. 입술. 사도

Si : Sanctus. (Santinus joannes) 거룩함

Do : Dominus. 하나님

"도. 레. 미. 파. 솔. 라. 시. 도"

"도"로 시작해서 "도"로 끝나는 것은 모든 것이 하나님으로부터 시작해서 하나님으로 완성된다는 것을 의미한다고 합니다. 참고로 도. 미. 솔은 하나님의 기적 같은 사랑이라는 뜻이라고 합니다. 우리의 언어 속에는 어떤 의미가 숨겨져 있는지 한 번 확인해봅시다.

6 자기부인4 이기주의: 사랑이라고 다 같은 사랑이 아니다

터다지기

• 내가 제일 사랑하는 사람과 그 이유를 말해봅시다.

_____

_____

_____

_____

_____

_____

_____

_____

_____

_____

_____

_____

_____

_____

씨앗심기

본문: 사무엘상 20:12~23

물주기

1. 요나단은 사울을 이어서 왕이 될 사람이었습니다. 요나단이 다윗에게 원했던 것을 찾아 봅시다(14, 15절).
   Hint: 본문에서 두 번 등장하는 단어.
   _____

2. 다윗에 대한 요나단의 마음을 찾아보고(17절), 사무엘상 16장 21절에 나오는 사울의 마음과 비교해 봅시다. (Hint: 본문에서 세 번 등장하는 단어)

    다윗이 사울에게 이르러 그 앞에 모셔 서매 사울이 그를 크게 사랑하여 자기의 무기를 드는 자로 삼고(삼상 16:21)
   _____
   _____

3. 사울의 마음이 변한 이유와 요나단의 사랑이 변하지 않은 이유가 무엇일지 생각해봅시다.

    여인들이 뛰놀며 노래하여 이르되 사울이 죽인 자는 천천이요 다윗은 만만이로다 한지라. 사울이 그 말에 불쾌하여 심히 노하여 이르되 다윗에게는 만만을 돌리고 내게는 천천만 돌리니 그가 더 얻을 것이 나라 말고 무엇이냐 하고(삼상 18:7~8, 개정)
   _____
   _____

4. 유행가요에 나오는 사랑과 예수님과 요나단의 사랑에는 어떤 차이가 있나요?

    다윗이 사울에게 말하기를 마치매 요나단의 마음이 다윗의 마음과 하나가 되어 요나단이 그를 자기 생명 같이 사랑하니라(삼상 18:1, 개정)
   _____
   _____

예수님께서는 우리가 우리 생명을 사랑하는 것 같이,
다른 이를 사랑하길 원하십니다.

1. 내가 알거나, 경험한 사랑 중에 조건적이거나, 이기적인 부분이 있다면 나눠봅시다. (부모님, TV, 드라마, 영화, 친구 등등)

2. 내가 좋아하는 친구들 이름을 말하고, 그 이유를 말해봅시다(예뻐서, 공부를 잘해서, 축구를 잘해서 등). 그 이유가 사라진다면 계속 그 친구를 사랑할 수 있을까요?

3. 나를 힘들게 하고, 괴롭히는 사람이 있다면 말해봅시다. 그 사람에 안좋은 일이 생긴다면 나는 어떤 기분이 들까요?

♥ 나랑 가장 절친이었던 친구가 있습니다. 어떠한 경우에도 우리의 우정과 사랑 변치 말자고 약속을 했습니다. 그런데 그 친구가 다른 친구들에게 나에 대해 험담하는 것을 들었습니다. 나는 이 친구에게 어떻게 해야 할까요?

예수님께서는 이기적인 사랑이 아니라, 정말 다른 사람을 내 몸같이 사랑하길 원하십니다. 그런 사랑을 할 때, 비로소 우리는 진짜 예수님의 제자가 된 것입니다.

열매맺기

1. "사랑" 이란 단어가 들어가는 찬양 찾아오기

2. "사랑" 이란 단어가 들어가는 가요 찾아오기

3. 찾아온 찬양과 가요를 비교하고 느낌 적어오기

4. 말씀 암송

외울말씀

새 계명을 너희에게 주노니 서로 사랑하라 내가 너희를 사랑한 것 같이 너희도 서로 사랑하라(요 13:34, 개정)

A new command I give youÐ Love one another. As I have loved you, so you must love one another.(Jn 13:34, NIV)

거짓말 같은 사랑을 실천한 덕 윌렘스

16세기 화란에 덕 윌렘스라는 사람이 있었습니다. 이 당시는 화란이 스페인의 통치를 받고 있을 때였습니다.

당시 스페인의 알바 공 치하에서 화란에서의 개신교 운동은 심각한 탄압 하에 있었습니다. 덕 윌렘스는 1569년 신앙 때문에 체포되었습니다. 그는 신실한 그리스도인으로서의 주님의 가르침을 문자적으로 따르고자 했던 인물이었습니다.

체포된 윌렘스는 부당한 감금을 피해 간신히 감옥을 탈출했고, 얼음이 언 연못을 가로질러 도망가고 있었습니다. 그 때 간수가 그를 체포하기 위해 사력을 다해 추적해 왔고, 그도 얼음 위를 달렸습니다.

그러나 간수는 연못 속으로 빠져들게 되었습니다. 다급해진 그는 살려달라고 소리쳤지만 주변에는 아무도 없었습니다. 절박한 호소를 들은 윌렘스는 도망을 포기하고 연못으로 뛰어 들어가 익사 직전에 있던 간수를 구출해 주었습니다.

하나님의 사랑을 실천하고자 했던 그는 원수까지도 사랑하라는 주님의 말씀을 외면할 수 없었습니다. 결국 그는 다시 체포되었고, 더욱 비인간적인 대우를 받으며 옥살이를 하였습니다.

그리고 얼마 후 그는 손발이 묶인 채로 아스페렌으로 끌려갔고, 그 간수가 지켜보는 가운데 화형을 당했습니다.

지금부터 꼭 450여 년 전인 1569년 겨울의 일이었습니다.

그는 이웃 사랑이, 아니 원수까지도 사랑하는 실천이 얼마나 숭고한 자기희생인가를 보여주었고, 그 사랑을 실천하기 위해 자기 목숨을 대가로 지불했던 것입니다.

7 착한행실: 하늘의 보화, 나눔

터다지기

• 기부천사라는 말이 있습니다. 내가 생각하는 최고의 기부천사는 누구인가요? 그 이유를 말해봅시다.

_____

_____

_____

_____

_____

_____

_____

_____

_____

_____

_____

_____

_____

씨앗심기

본문: 사도행전 2:37~47

물주기

1. 사도의 가르침을 받아 교제하며, 떡을 떼며 오로지 기도하기를 힘썼던 사람들은 어떤 사람들이었을까요(42절)?

> Tip. 사도: 예수님께서 만나고, 직접 가르침을 받은 사람들. 12제자.

_____

_____

2. 사람들이 물건을 통용하고, 재산을 팔아서 나눠준 이유는 무엇이었을까요(38~42절)?

_____

_____

3. 이러한 사람들에게 어떤 일이 일어났나요? 이런 일들을 하신 분은 누구실까요(47절)?

_____

_____

4. 내가 다른 사람을 위해서 했던 기부나 나눔이 있다면 말해봅시다.

_____

_____

_____

예수님께서는 우리가 사랑으로 주위 사람들을 채워주는 사람을 살기 원하십니다.

 꽃피우기

1. 내가 했던 가장 큰 나눔을 이야기해봅시다. 나눔을 하고 어떤 마음이 들었나요? (시기, 대상, 가치, 이유 등등)

———————————————————————————————
———————————————————————————————
———————————————————————————————

2. 우리가 학교나 교회에서 억지로 기부(크리스마스씰, 컴패션 작정 등)하는 모습을 보면 예수님께서 뭐라고 하실까요?

———————————————————————————————
———————————————————————————————
———————————————————————————————

3. 기부를 통해서 천국에 들어간다는 사람들이 있습니다. 그렇다면 그 기부는 누구를 위한 것인가요? 그 이유를 말해봅시다.

———————————————————————————————
———————————————————————————————
———————————————————————————————
———————————————————————————————

 HOT토론

♥ 한 사람을 지정하여 몰래 도와주는 마니또라는 게임이 있습니다. 한 사람을 지정하여 몰래 여러 가지 도움을 주는 것입니다. 그렇게 몰래 돕는 것도 기부가 될 수 있을까요? 어떤 사람들은 그것이 돈으로 돕는 것이 아니라서 기부가 아니라고 합니다. 여러분의 생각은 어떤가요? 그리고 내가 할 수 있는 기부에는 어떤 것들이 있을까요?

———————————————————————————————
———————————————————————————————
———————————————————————————————

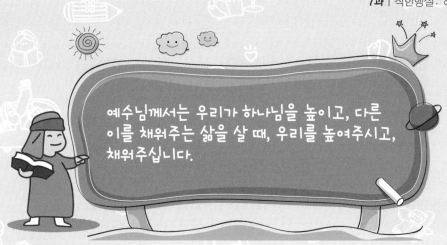

예수님께서는 우리가 하나님을 높이고, 다른 이를 채워주는 삶을 살 때, 우리를 높여주시고, 채워주십니다.

열매맺기

1. 사랑의 헌금 일주일 동안 준비해오기
2. 주위에 도움이 필요한 사람 찾아보고, 몰래 도와주기
3. 말씀 암송

외울말씀

예수께서 이 말을 들으시고 이르시되 네게 아직도 한 가지 부족한 것이 있으니 네게 있는 것을 다 팔아 가난한 자들에게 나눠 주라 그리하면 하늘에서 네게 보화가 있으리라 그리고 와서 나를 따르라 하시니(눅 18:22, 개정)

When Jesus heard this, he said to him, "You still lack one thing. Sell everything you have and give to the poor, and you will have treasure in heaven. Then come, follow me (Lk 18:22, NIV)

Book 7

철가방 우수씨

몇 해 전인 2011년 9월 말 이명박 대통령은 한 아저씨의 빈소에 조화를 보내고 명복을 비는 글을 SNS에 올렸습니다. 대통령은 '내가 가진 것을 나눔으로써 그것이 더욱 커지고 누군가에게 큰 힘이 될 수 있다는 진정한 나눔의 삶을 실천으로 보여 줬다.'면서, '고인의 숭고한 정신이 우리 사회에 널리 퍼져 나가길 기원한다.'라고 적었습니다. 그리고 얼마 후 대통령은 그 아저씨에게 대통령표창을 수여했습니다. 수많은 시민이 아저씨를 추모하기 위해 빈소를 찾았습니다. 그 아저씨는 얼마나 유명한 사람이었기에 이렇게 많은 사람이 찾아온 것일까요? 우리나라에서 손꼽을 정도로 큰 부자였을까요? 아닙니다. 그 아저씨는 중국집에서 짜장면을 배달하는 배달원이었습니다. 아저씨의 이름은 김우수입니다. 사람들은 아저씨를 기부 천사 배달원, 또는 철가방 천사라고 부릅니다. 아저씨는 서울 강남에서 오토바이를 타고 다니며 배달을 하다가 승용차와 충돌하는 큰 사고를 당했습니다. 곧 병원으로 옮겨졌지만 부상이 심해 숨을 거뒀습니다. 장례식이 끝날 때쯤 한 소녀가 환하게 웃는 아저씨의 영정 앞에서 고개를 숙인 채 눈물을 흘렸습니다. 그 소녀는 김우수 아저씨가 5년 동안 후원해 준 소녀였습니다. 소녀는 "살아 계실 때 외롭게 지내셨는데, 이렇게 돌아가신 뒤에야 관심을 받게 되는 게 너무 슬프고 속상하다."라고 털어놨습니다. 기부 천사 김우수 아저씨는 7살 때 부모에게 버림받은 고아였습니다. 보육원에 보내졌다가 12살 때 뛰쳐나와 떠돌이 생활을 했습니다. 비닐봉지를 들고 거리에서 구걸하며 먹고 살기도 했습니다. 자신을 이렇게 만든 세상이 너무나 싫고 화가 나서 홧김에 방화를 저질렀고, 그 사건으로 교도소에서 수감 생활을 했습니다. 교도소 안에서 아저씨는 우연히 〈사과나무〉라는 어린이 잡지를 보게 됐습니다. 그 잡지 안에는 가정폭력과 가난 때문에 힘들게 사는 아이들의 기사가 실려 있었습니다.

초등학교도 못 나온 김우수 아저씨가 할 수 있는 일은 별로 없었습니다. 아저씨는 오토바이를 타고 중국집에서 배달 일을 시작했습니다. 한 달 월급이 70만 원밖에 안 됐지만, 쪼개고 쪼개 여러 아이에게 후원금을 보내기 시작했습니다. 김우수 아저씨는 5명의 아이를 후원하기 위해 담배도 끊고, 창문도 없는 고시원 방에서 살았지만 행복해했습니다. 책상 위에 놓인 웃고 있는 아이들의 사진을 보면 피로가 싹 풀린다고 했습니다. 그는 진정 착한 부자였습니다. 마음이 욕심으로 가득 찬 못난 부자가 아니라, 행복으로 가득 찬 착한 부자 말입니다.

(본 기사는 아하경제신문 2014년 제 217호 기사입니다)

8 전도:
Never. Give. up.

터닦지기

• 나는 지금까지 몇 명을 전도했나요? 전도하기 힘든 이유를 말해봅시다.

씨앗심기

본문: 사도행전 23장 1~11절

물주기

1. 바울이 끌려간 이유는 무엇인가요(6절)?

_____

_____

2. 천부장이 바울을 사람들 가운데서 빼낸 이유는 무엇이었나요(10, 12~14절)?

_____

_____

3. 그날 밤, 고난 당한 바울 곁에는 누가 계셨고, 어떤 말을 했나요(11절)? 그의 말을 들은 바울은 어떤 기분이 들었을까요?

_____

_____

_____

4. 전도하기 힘든 친구와 이야기할 때, 여러분은 어떤 마음이 드나요? 그런 여러분에게 예수님과 바울은 어떤 말씀을 하실까요?

 너는 말씀을 전파하라 때를 얻든지 못 얻든지 항상 힘쓰라 범사에 오래 참음과 가르침으로 경책하며 경계하며 권하라(딤후 4:2, 개정)

_____

_____

_____

우리와 항상 함께 계시는 예수님께서는 우리가 어떠한 상황에서도 포기하지 말고, 복음을 전하길 원하십니다.

꽃 피우기

1. 내가 갖고 싶은 것 때문에 부모님이나 친구에게 끝까지 고집을 피워서 얻은 경험이 있다면 말해봅시다.

_____

_____

_____

2. 부모님이나 친구가 나의 고집을 들어준 이유는 무엇일까요?

_____

_____

_____

3. 내가 갖고 싶은 것에는 끝까지 고집을 피우다가, 생명을 살리는 전도에는 몇 번 전도하다가 금방 포기해버리는 여러분을 보면 예수님께서는 뭐라고 말씀하실까요?

_____

_____

_____

_____

HOT 토론

♥ 전도축제 기간이 되었습니다. 1등 상품이 내가 제일 갖고 싶었던 최신형 스마트폰이라고 합니다. 그래서 정말 열심히 전도했는데, 1명이 모잘랐습니다. 그래서 평소에 부모님이 불교라서 절대 교회 오지 않겠다는 친구를 끝까지 설득해서 전도해서 결국 1등을 했습니다. 만약 1등 상품이 내가 원하는 상품이 아니었다면, 그렇게 열심히 전도했을까요? 열심히 전도하는 나를 예수님께서 보신다면 어떻게 생각하실까요?

_____

_____

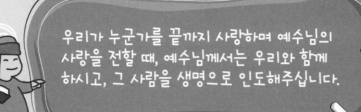

우리가 누군가를 끝까지 사랑하며 예수님의
사랑을 전할 때, 예수님께서는 우리와 함께
하시고, 그 사람을 생명으로 인도해주십니다.

열매맺기

1. 1명 전도하기

2. 말씀 암송

3. 전도할 친구 이름적고, 선물 한개 사주기.

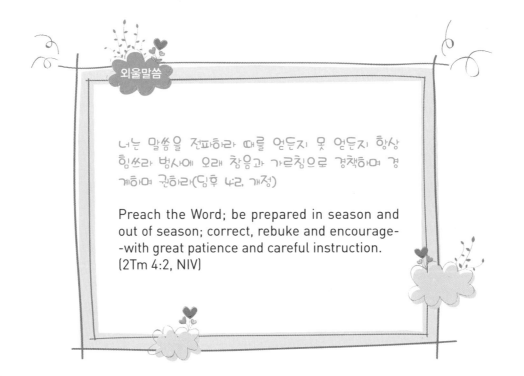

외울말씀

너는 말씀을 전파하라 때를 얻든지 못 얻든지 항상
힘쓰라 범사에 오래 참음과 가르침으로 경책하며 경
계하며 권하라(딤후 4:2, 개정)

Preach the Word; be prepared in season and
out of season; correct, rebuke and encourage-
-with great patience and careful instruction.
(2Tm 4:2, NIV)

포기하지 않은 선생님

　수년 전 한 아가씨가 스코틀랜드 주일학교에서 장난꾸러기 소년만 모인 반의 담임을 자청하고 나섰다. 그중에서도 보비라는 소년은 다룰 수 없는 골칫거리 아이였다.

　주일학교에서는 이 여선생님에게 새 옷 한 벌을 가지고 보비의 집을 방문하여 계속 출석을 잘하도록 했다. 여선생님이 보비의 집을 방문했을 때 보비는 씻지 않아 땟물이 흐르는 얼굴에 머리는 빗질을 하지 않아 헝클어져 있었고, 그가 입고 있는 옷은 진흙에 뒹굴어 거의 걸레가 되어 있었다. 여선생님은 보비에게 새 옷을 갈아 입히고 교회에 잘 나오도록 부드럽게 얘기했다. 그러나 보비는 또 더러워졌고 교회도 나오지 않았다. 여선생님은 다시 보비를 방문했다. 이미 새 옷은 다 망쳐지고 걸레가 되어 있었다. 또 한 벌의 새 옷을 선물하고 잘 타일렀다. 그러난 여전히 보비는 달라지지 않았다. 여선생님은 힘이 빠지고 말았다. 주일학교 부장을 찾아가 이제 더이상 어쩔 수 없다고 했다. 그러나 주일학교 부장은 "용기를 잃지 말고 계속해 보십시오"하고 격려했다. 그 여선생님의 계속적인 노력으로 고삐 풀어진 망아지 같은 이 소년은 나중에 훌륭하게 성장하여 중국에 선교사로 갔다. 그가 바로 로버트 스미슨 목사이다. 그는 성경을 중국어로 번역하여 수백만의 영혼을 주께로 나오게 했다.

9 참 제자의 모델: 제자는 하나님의 칭찬을 사모한다

터다지기

• 내가 받은 칭찬 중 가장 기억에 남는 칭찬을 말해봅시다.

씨앗심기

본문: 고전 4:1~5절

1. 사람들이 나를 어떻게 생각하길 원하나요? 바울의 생각과 비교해봅시다(1절).

_____

_____

2. 다른 사람들이 나를 판단할 때, 나는 어떤 생각을 하나요? 바울의 생각과 비교해봅시다
   (3절). 바울은 왜 그렇게 생각했을까요(4절)?

_____

_____

3. 바울은 예수님께서 오시면 어떤 일이 있다고 말하나요(5절)?

_____

_____

4. 앞에서 제일 기억에 남는 칭찬과 예수님의 칭찬을 비교하면 어떤 칭찬이 더 기쁠까요?
   그 이유를 말해봅시다.

    이것들을 증언하신 이가 이르시되 내가 진실로 속히 오리라 하시거늘 아멘 주 예수여
   오시옵소서(계 22:20, 개정)

_____

_____

_____

 예수님께서는 제자들이 하나님의 칭찬받는 사람이 되
길 원하십니다.

1. 나는 누구에게 제일 인정받고 싶은지 말해봅시다. (부모님, 친구, 선생님, SNS 등)

_____

_____

2. 나는 열심히 했는데, 누군가가 제대로 알지 못해서 칭찬받기 보다는 도리어 질책을 받은 경험이 있다면 말해봅시다. 어떤 기분이 들었나요?

_____

_____

3. 정말 하나님의 말씀대로 열심히 살았는데 아무도 몰라주고 하나님만 알아주는 삶과 그렇게 하나님의 말씀대로 살지 못했지만, 많은 사람들이 인정해주고, 하나님께는 그다지 칭찬받지 못하는 삶이 있다면 여러분은 어떤 삶을 선택할 것인가요? 그 이유를 말해봅시다.

_____

_____

_____

♥ 열심히 시험을 준비했는데, 시험문제에 공부한 내용들이 나오지 않아서 아무 것도 못풀고 있었습니다. 그런데 우연히 고개를 드니, 우리 반 1등의 답안지가 눈에 들어왔습니다. 선생님은 전혀 이쪽을 보지 않고 있고, 다른 친구들도 시험에 정신이 팔려 있습니다. 아무도 모르게 보고 적으면, 선생님과 부모님에게 칭찬을 받을 것 같은데.. 나는 어떻게 해야 할까요? 하나님께서는 내가 어떻게 하길 원하실까요?

_____

_____

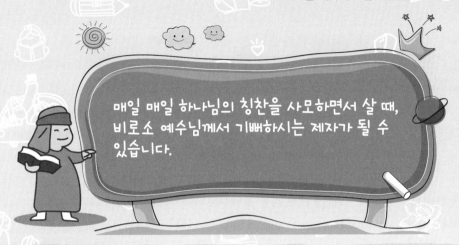

매일 매일 하나님의 칭찬을 사모하면서 살 때, 비로소 예수님께서 기뻐하시는 제자가 될 수 있습니다.

열매맺기

1. 하나님이 기뻐하실 일 적고, 실천해보기

2. 성경에서 하나님이 기뻐하시는 사람 찾아보기

3. 말씀 암송

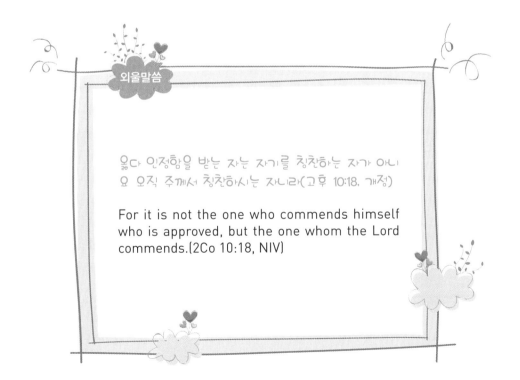

외울말씀

옳다 인정함을 받는 자는 자기를 칭찬하는 자가 아니요 오직 주께서 칭찬하시는 자니라(고후 10:18, 개정)

For it is not the one who commends himself who is approved, but the one whom the Lord commends.(2Co 10:18, NIV)

누구의 종인가?

미국의 하버드 대학의 경제학자로서 경제학회 회장을역임하고 정부의 경제 고문을 지냈던 분 가운데 우리 시대를 향해서 '불확실성의 시대'라는 화두를 던진 존 케네스 갤브레이스라는 분이 있습니다. 이분이 쓴 책 가운데 '우리 시대의 생애(A life in our Times)'라는 책을 보면 이분이 자기 집에 고용했던 에밀리 윌슨이라는 가정부에 대한 흥미로운 이야기 하나를 소개하고 있습니다.

한번은 당시 미국의 대통령이었던 린든 존슨이 급한 일로 갤브레이스 교수에게 전화를 했는데 에밀리라는 가정부가 전화를 받게 되었습니다.

"여기는 백악관이오. 급한 일로 교수와 통화할 일이 있으니 교수를 바꿔주시오."

이때 이 여인이 이렇게 대답했다고 합니다.

"교수님은 지금 피곤하셔서 낮잠을 주무시고 계십니다. 지금은 바꿔드릴 수 없습니다."

대통령은 격앙된 말투로 다시 이렇게 말했다고 합니다.

"나 대통령이오. 급한 일이오. 당장 깨우시오."

에밀리는 다시 이렇게 대답했다고 합니다.

"죄송합니다. 대통령 각하, 저의 주인은 갤브레이스 교수님이시고 저는 그를 위해 일하도록 고용된 사람입니다. 이해해주십시오."

끝내 그녀는 대통령에게 전화를 바꿔주지 않았다고 합니다. 나중에 린든 존슨 대통령은 갤브레이스 교수를 만나 이렇게 말했다고 합니다.

"자네, 가정부 참 잘 두었더구먼, 그녀에게 내 이야기를 꼭 전해주게. 내가 그녀를 백악관에서 고용하고 싶다고."

우리는 자주 우리 삶의 주인이 누구인지 헷갈릴 때가 있습니다. 당장 눈에 보이는 세상의 세력이 더욱 강해보여 굴복하거나 타협하는 일들이 너무 나도 많이 있습니다. 우리가 우리의 주님 되시는 예수 그리스도를 똑바로 보고 섬겨야 마지막 날에 그분께 칭찬받을 것입니다. 이 이야기의 가정부 에밀리처럼 우리도 마지막까지 한 주인이신 예수님만 바라보며 그분이 원하시는 일이 무엇인지 생각하여 그분을 위한 선택을 하며 삶을 살 때 우리는 진정한 승리를 경험하게 될 것입니다.

10 기도: 제자라면 제대로 기도하자

터닦짓기

• 나는 하루에 몇 번, 언제 기도하나요? (밥 먹을 때, 잘 때, 시험칠 때, 무서울 때, 기쁜 일이 있을 때 등등)

_____

_____

_____

_____

_____

_____

_____

_____

_____

_____

_____

씨앗심기

본문: 누가복음 11장 5~13절

물주기

1. 내가 만약 본문에 등장하는 친구라면 여러분은 어떻게 할 것 같나요(5~8절)? 그 이유를 말해봅시다.

_____

_____

2. 내가 만약 본문에 등장하는 아버지라면 자녀가 생선이 아니라 뱀을, 알 대신에 전갈을 구하면 여러분은 어떻게 할 것 같나요(11~13절)? 그 이유를 말해봅시다.

_____

_____

3. 하나님께서 구하는 자에게 주신다고 하신 것은 무엇인가요(13절)? 왜 많은 것 중에서 하나님께서는 그것을 주신다고 하셨을까요?

_____

_____

_____

4. 나에게 지금 가장 필요한 것은 무엇인가요? 서로 나눠보고 기도하는 시간을 가져봅시다.

_____

_____

_____

_____

우리는 하나님의 약속을 믿음으로, 간절히 하나님께 기도해야 합니다.

꽃 피우기

1. 내가 부모님께 간절히 부탁해서 들어주신 것과 아무리 부탁해도 들어주지 않은 것이 있다면 말해봅시다. 왜 다른 결과가 나왔을까요?

_____

_____

_____

2. 나는 하루에 몇번 기도 하나요? 그 중에 진짜 예수님께서 기뻐하시고 들으시는 기도는 몇번 일까요? 그 이유를 말해봅시다.

_____

_____

_____

3. 다른 종교에도 기도가 있습니다. 다른 종교에서 하는 기도와 우리가 하는 기도의 차이점은 무엇일까요? 왜 그렇게 생각하나요?

_____

_____

_____

_____

HOT토론

♥ 시험기간에 시험공부를 하지 않고 놀기만 하다가, 시험날 아침, 간절한 마음으로 하나님께 기도하면 하나님께서 좋은 성적을 얻을 수 있도록 도와주실까요?

_____

_____

_____

_____

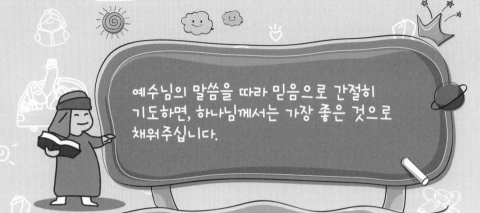

예수님의 말씀을 따라 믿음으로 간절히 기도하면, 하나님께서는 가장 좋은 것으로 채워주십니다.

열매맺기

1. 기도시간 정하기
2. 하루에 다섯 번 기도하기
3. 말씀 암송

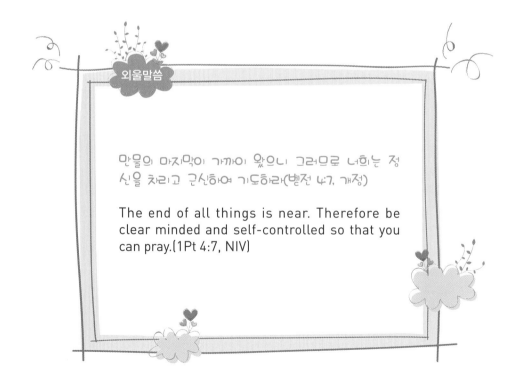

외울말씀

만물의 마지막이 가까이 왔으니 그러므로 너희는 정신을 차리고 근신하여 기도하라(벧전 4:7, 개정)

The end of all things is near. Therefore be clear minded and self-controlled so that you can pray.(1Pt 4:7, NIV)

호텔왕 힐튼

가난한 행상인의 아들이 있었다. 한 곳에 머무르지 못하기 때문에 소년은 아버지를 따라 미국의 이곳저곳으로 떠돌아 다녀야 했다. 그런 그에게 가장 불편한 점은 잠자리였다. 돈은 없었지만 "믿음은 바라는 것들의 실상"이란 성경말씀을 굳게 믿고 기도하며, 꿈을 가졌다. 드디어 가난한 행상인의 아들은 1924년 댈러스에 큰 호텔을 세웠고, 이 호텔은 세계로 뻗어 나갔다. 그가 바로 힐튼호텔을 세운 호텔왕 콘드라 힐튼이다.

힐튼에게 어느날 아들이 물었다. "아버지는 돈 한푼 없었는데, 어떻게 호텔 왕이 될 수 있었어요?" 힐튼이 대답했다. "끝까지 노력하는 것이 제일 중요하단다." 그러자 힐튼의 아들은 못마땅 표정으로 되물었다. "아버지, 노력도 중요하지만 노력만으로는 아버지 같은 일을 할 수 없어요. 아버지보다 훨씬 더 열심히 노력하는 사람을 제가 얼마나 많이 보았는데요." 그러자 힐튼은 다시 말했다. "그래 노력만으로는 안돼. 재능도 조금 필요하단다. 만약 나에게 호텔을 운영하는 재능이 없었다면 이런 성공을 이룰 수 없었겠지."

그러자 이번엔 둘째 아들이 되물었다.

"아버지, 제가 보면 호텔에서 어느 정도의 직책을 가진 사람들은 대부분 아버지와 비슷한 재능을 가지고 있는 걸요."

그러자 힐튼은 이렇게 말했다. "그래, 맞아. 많은 사람들이 노력과 재능이 비결인 줄 알면서 살지만, 사실은 그렇지 않단다. 그것은 기본에 불과해. 실제 성공의 비밀은 꿈을 품고, 그것을 위해 기도하는 것이란다. 난 이것을 잊지 않았어."

다음은 힐튼이 말한 자신의 성공비결이다. 그 첫 번째가 무엇인지 잊지 말자.

① 매일 일관되게 기도하라.
② 자신만의 특별한 재능을 찾아라.
③ 큰 꿈을 갖고 크게 생각 하고 크게 행동 하라.
④ 언제 어느 순간에도 정직하라.
⑤ 열정을 갖고 살라.
⑥ 재물의 노예가 되지 말라.
⑦ 문제를 해결할 때 서두르지 말고 인내를 가지고 대하라.
⑧ 과거에 집착하지 말라.
⑨ 언제나 상대를 존중 하고 업신여 기지 말라.
⑩ 자신이 살고 있는 세계에 대해 자신이 할 수 있는 모든 책임을 다하라.

11 특강: 주인을 위한 온전한 하루

터다지기

• 내가 제일 좋아하는 요일은 어떤 요일인가요? 그 이유를 말해봅시다.

_____

_____

_____

_____

_____

_____

_____

_____

_____

_____

_____

_____

_____

_____

_____

_____

_____

씨앗심기

본문: 창세기 2:1~3, 출 20:8~11, 마 28:1~6

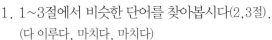

1. 1~3절에서 비슷한 단어를 찾아봅시다(2,3절).
   (다 이루다, 마치다, 마치다)

   _____

   _____

2. 하나님께서 일곱째날을 복주시고, 거룩하게 하신 이유는 무엇일까요(2절)?
   (모든 일을 마치시고, 안식하셨기 때문)

   _____

   _____

3. 하나님께서 안식일을 어떻게 지키라고 하셨나요(출20:8~11)? 그 이유는 무엇일까요?
   (거룩히, 모든 것을 완성하시고 쉬셨기 때문이다+복되고 거룩하게 하셨기 때문이다)

   _____

   _____

4. 예수님께서는 안식일의 주인은 누구라고 하셨나요(마12:8, 막2:28, 눅6:5)? 왜 그렇
   게 말씀하셨을까요(마28:1~6)?
   (예수님, 죽음에서 부활하심으로 진정한 안식을 완성하셨기때문)

   _____

   _____

5. 주일에 내가 제일 많이 시간을 보내는 것은 무엇인가요?

   _____

   _____

   _____

예수님의 제자들은 주일을 구별하여, 주님을 위해서 사용해야 합니다.

1. 지금까지 가장 기억에 남는 주일과 그 이유를 말해봅시다.

2. 교회 다니지 않는 친구들의 주일과 나의 주일을 비교해보고, 누구의 주일이 더 내가 행복할지 말해봅시다. 그리고 누구의 주일이 예수님 보시기에 더 기쁨일지 말해봅시다.

3. 주중에는 열심히 공부하고 주일에는 푹 자는 것과 주중에 열심히 공부하고, 주일에는 다른 것보다 주님께 집중하는 것 중 어느 것이 더 성적에 도움이 될까요? 그렇다면 어느 것이 더 나의 인생에 도움이 될까요? 각각의 이유를 말해봅시다.

HOT토론

♥ 주일에 학원가는 것, 놀이동산 가는 것, 그리고 교회에 가는 것 중 나를 가장 힐링시키는 것은 무엇인가요? 그 이유를 말해봅시다.

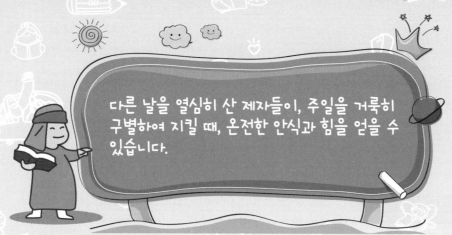

다른 날을 열심히 산 제자들이, 주일을 거룩히 구별하여 지킬 때, 온전한 안식과 힘을 얻을 수 있습니다.

열매맺기

1. 예배 후 시간계획 세우기
2. 다음 주일 예배 꼭 참석하기
3. 말씀 암송

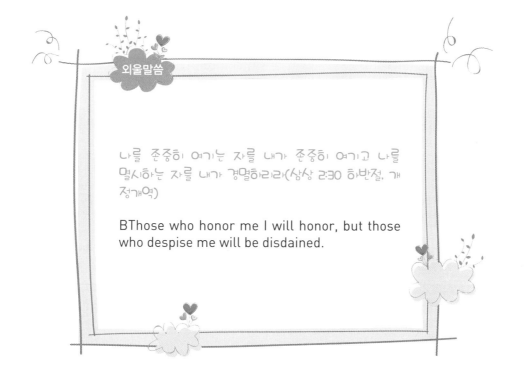

외울말씀

나를 존중히 여기는 자를 내가 존중히 여기고 나를 멸시하는 자를 내가 경멸하리라(삼상 2:30 하반절, 개정개역)

BThose who honor me I will honor, but those who despise me will be disdained.

불의 전차 에릭 리들(1902-1945)

에릭 리들은 1902년 중국 천진에서 스코트랜드 선교사 가정에서 출생하였습니다. 중국 선교사의 자제로서 먼 거리를 걷고 달리던 습관이 있어서인지, 어린 시절부터 탁월한 육상 재능을 보이면서 스코트랜드에서 교육을 받았습니다. 에딘버러 대학에 입학한 뒤 본격적인 육상선수로서의 활동을 시작한 그는 당시 수년간에 걸쳐 스코트랜드는 물론이거니와 전 영국 단거리 육상대회를 모조리 휩쓸었으며 스코트랜드 국가대표 럭비팀에서 활약하기도 하였습니다.

1924년 제 8회 파리 올림픽 경기의 영국 금메달 후보였으나, 100m 경기 예선일정이 7월 6일 주일 오후 3시와 5시인 것을 보자마자 "저는 주일에는 안됩니다." 라고 단호한 결정을 알렸습니다. 그의 그런 결정은 그의 주일 성수를 위한 자기 희생적 결정이었으며 주일은 주님의 날이므로 주님을 위한 일을 해야 한다는 신앙의 표현이었습니다. 에릭 리들의 100m 출전 포기를 들은 영국 전체의 반응은 냉소적이었습니다. 그를 가리켜 "편협하고 옹졸한 신앙인", "신앙을 소매 끝에 달고 다니는 신앙심 깊은 척 하는 위선자", "조국의 명예를 버린 위선자" 라고 비난하였습니다. 그러나 에릭 리들은 100m 예선 경기를 하던 7월 6일 주일에는 스콧츠 커크(Scats kirk) 장로교회에서 간증 설교를 하였습니다. 그 날 에릭 리들은 경기장에 나가 동료 선수들을 격려하는 일도 하지 않고, 평소처럼 주일을 교회에서, 성도들을 위해서 온전히 하나님께 드렸습니다. 100m 경기에서는 영국의 헤롤드가 금메달을 목에 걸었습니다. 그의 기록은 에릭 리들보다 약간 뒤졌습니다. 에릭 리들은 기쁜 마음으로 헤롤드의 우승을 축하해 주었습니다.

대신 그는 자신의 주종목이 아닌 200m에서 동메달을 땄고, 400m 에도 출전하게 되었습니다. 400m 결승의 날, 그가 첫 코너를 돌던 모습을 지켜보던 전문가들은 "에릭이 저런 속도를 유지하다가는 도중에 쓰러져 죽을지도 모른다" 고 불안함을 표현하였습니다. 그러나 그는 임바흐, 피치 등 우승후보를 제치고 47초 6이라는 세계신기록까지 세우면서 금메달을 목에 걸었습니다. 그가 결승전에 출전할 때 담당 안마사가 쥐어준 쪽지가 응답되었던 것입니다.

"나를 존중히 여기는 자를 나도 존중하리라". 최선의 영광이 있기를 빌면서 그는 처음 400m 우승의 비결을 묻는 기자들에게 이렇게 대답하였습니다.

"처음 200m 는 제 힘으로 최선을 다했고, 나머지 200m 는 주님의 도우심으로 빨리 달릴 수 있었습니다." 그는 주일은 자기를 위한 날이 아니고 주님을 위한 날이라는 사실을 삶으로 설교한 위대한 신앙인이었습니다.

올림픽 경기로 국가적 영웅이 되었지만, 에릭 리들은 하나님과의 헌신 약속을 지키기 해 모든 영광을 버리고 선교를 위해 중국으로 갔습니다. 그 이듬해 그는 영웅으로서의 모든 영광을 내던진 채 그는 아버지와 형의 뒤를 이어 24세의 젊은 나이로 중국 선교사로 떠났습니다.

한국교회 주일학교 교육의 가장 큰 안타까움 중 하나는 사역자가 바뀌면 교육의 내용이 바뀌게 되고, 그로 인해 학생들의 영적 성장이 불균형을 이룬다는 것이다. 나아가 설교와 공과가 일관성을 갖지 못하다 보니 균형 잡힌 교육이 어려울 뿐 아니라, 담당 사역자는 학생들 교육에서 비켜나 있는 아이러니가 발생한다. 우리 교재는 이런 주일학교 교육의 아쉬운 부분을 다음과 같이 보완하려고 노력했다.

먼저, 3년의 교육 주기로 기본적인 성경 및 교리에 대한 이해를 가능하도록 만들었다. 1년차는 말씀의 관점으로 창조-타락-구속-삶이 있는 신앙의 큰 틀을 통해, 무엇보다 절대 진리인 하나님의 말씀 위에 굳게 서야 함을 분명히 한다. 2년차는 구속사의 관점으로 창조-타락-구속-삶이 있는 신앙의 큰 틀을 통해, 유일한 구원자이신 예수님의 구속 사역이 신구약 전체를 흐르는 핵심임을 분명히 한다. 3년차는 하나님 나라의 관점으로 창조-타락-구속-삶이 있는 신앙의 큰 틀을 통해, 그리스도의 십자가로 구속 받은 하나님의 자녀로서 삶의 현장에서 하나님의 영광을 드러내야 함을 분명히 한다.

다음으로, 각 부서별(유년, 초등, 중등, 고등) 눈높이에 맞게 교재를 집필하면서도 모든 부서가 동일한 주제로 공부하도록 했다(동일한 주제 다른 본문 선택). 이는 각 가정으로 돌아갔을 때, 가족이 둘러앉아서 대화와 토론이 가능하도록 하기 위함이다. 부모가 자녀를 가르치는 실질적인 쉐마 교육이다. 이를 위해서 장년 주보에 해당 주일의 공과 주제와 각 부서별 핵심 내용을 게재하여 부모가 가정에서 교사의 역할을 하도록 도울 수 있다.

마지막으로, 사역자가 공과와 동일한 주제로 설교를 하도록 했다. 이로 인한 유익은 주일학교 사역자의 교체와 무관하게 교육의 일관성을 유지할 수 있다는 것이다. 또한 설교를 통해서 미리 공과 내용을 습득함으로써 역동성 있는 공과 진행이 가능하다. 설혹 교사가 미처 공과 준비를 하지 못했다고 해도, 공과를 대충하는 일은 없게 된다.

제자 STORY
초등부 1년차 3·4분기

말씀 위에 견고히 세우기

초판 인쇄 2016년 7월 1일
초판 발행 2016년 7월 1일
발 행 인 이문희
책임편집 이재섭
발 행 처 도서출판 에브리데이
등록번호 제307-2015-55호
대표전화 02-959-6002, 팩스 02-959-6005
주   소 서울시 성북구 화랑로 192
디자인제작 보임
ISBN 979-11-87482-00-0